사
이
다

사일 동안
이것만 풀면
다 합격!

KB199883

경기도 공공기관
통합채용

시대에듀

2025 최신판 시대에듀 All-New 사이다 모의고사 경기도 공공기관 통합채용 NCS

Always with you

사람의 인연은 길에서 우연하게 만나거나 함께 살아가는 것만을 의미하지는 않습니다.
책을 펴내는 출판사와 그 책을 읽는 독자의 만남도 소중한 인연입니다.
시대에듀는 항상 독자의 마음을 헤아리기 위해 노력하고 있습니다. 늘 독자와 함께하겠습니다.

머리말 PREFACE

경기도 공공기관은 2025년에 신입사원을 통합채용할 예정이다. 경기도 공공기관의

채용절차는 「원서 접수 ➜ 필기시험 ➜ 서류전형 ➜ 면접시험 ➜ 최종합격자 발표

➜ 임용」 순서로 이루어진다. 필기시험은 인성검사와 직업기초능력평가로 진행되며,

그중 직업기초능력평가는 의사소통능력, 수리능력, 문제해결능력, 자원관리능력,

조직이해능력 총 5개의 영역을 평가한다. 또한, 기관마다 지원자격 및 필기시험

합격자 선정기준이 상이하므로 반드시 지원하고자 하는 공공기관의 확정된 채용

공고를 꼼꼼하게 확인하여야 한다.

경기도 공공기관 통합채용 필기시험 합격을 위해 시대에듀에서는 NCS 시리즈 누적

판매량 1위의 출간경험을 토대로 다음과 같은 특징을 가진 도서를 출간하였다.

도서의 특징

❶ 합격으로 이끌 가이드를 통한 채용 흐름 확인!
- 경기도 공공기관 통합채용 소개와 최신 시험 분석을 수록하여 채용 흐름을 파악하는 데 도움이 될
  수 있도록 하였다.

❷ 기출응용 모의고사를 통한 완벽한 실전 대비!
- 철저한 분석을 통해 실제 유형과 유사한 기출응용 모의고사를 4회분 수록하여 시험 직전 4일 동안
  자신의 실력을 점검하고 향상시킬 수 있도록 하였다.

❸ 다양한 콘텐츠로 최종 합격까지!
- 온라인 모의고사를 무료로 제공하여 필기시험에 대비할 수 있도록 하였다.
- 모바일 OMR 답안채점/성적분석 서비스를 통해 자동으로 점수를 채점하고 확인할 수 있도록 하였다.

끝으로 본 도서를 통해 경기도 공공기관 통합채용을 준비하는 모든 수험생 여러분이

합격의 기쁨을 누리기를 진심으로 기원한다.

SDC(Sidae Data Center) 씀

◇ **지원자격**

채용 공공기관별 자격요건에 따름

◇ **통합채용 참여 공공기관**

총 24개 기관 101명 채용		
경기주택도시공사	경기평택항만공사	경기관광공사
경기교통공사	경기연구원	경기문화재단
경기도경제과학진흥원	경기테크노파크	한국도자재단
경기도수원월드컵경기장관리재단	경기도청소년수련원	경기콘텐츠진흥원
경기아트센터	경기대진테크노파크	경기도농수산진흥원
경기도의료원	경기복지재단	경기도평생교육진흥원
경기도일자리재단	차세대융합기술연구원	경기도시장상권진흥원
경기도사회서비스원	경기환경에너지진흥원	경기도사회적경제원

◇ **필기시험**

구분	평가내용	문항 수	시험시간
인성검사	인성 전반	210문항	30분
직업기초능력평가	의사소통능력, 수리능력, 문제해결능력, 자원관리능력, 조직이해능력	50문항	50분

❖ 위 채용 안내는 2024년 하반기 채용공고를 기준으로 작성하였으므로 세부사항은 확정된 채용공고를 확인하기 바랍니다.

총평

2024년 하반기 경기도 공공기관 통합채용 필기시험은 PSAT형 중심 피듈형으로 출제되었으며, 난이도는 평이했다는 후기가 많다. 하지만 지문의 길이가 긴 문제와 계산 문제로 시간이 많이 소모되었다는 평이 많았으므로 실수 없는 계산과 꼼꼼한 학습을 통해 시간을 효율적으로 분배하는 연습이 필요해 보인다.

◇ **영역별 출제 비중**

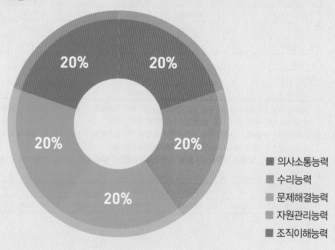

구분	출제 특징	출제 키워드
의사소통능력	• 지문이 긴 문제가 출제됨 • 맞춤법 문제가 출제됨	• 물류, 운송, 공문서 등
수리능력	• 응용 수리 문제가 출제됨 • 수열 문제가 출제됨	• 최솟값, 원탁, 부피 등
문제해결능력	• 명제 추론 문제가 출제됨	• 논리, 배열 등
자원관리능력	• 모듈형 문제가 출제됨 • 시간 계획 문제가 출제됨	• 이론, 시간 등
조직이해능력	• 모듈형 문제가 출제됨	• 조직, 기업 등

PSAT형

04 다음은 신용등급에 따른 아파트 보증률에 대한 사항이다. 자료와 상황에 근거할 때, 갑(甲)과 을(乙)의 보증료의 차이는 얼마인가?(단, 두 명 모두 대지비 보증금액은 5억 원, 건축비 보증금액은 3억 원이며, 보증서 발급일로부터 입주자 모집공고 안에 기재된 입주 예정 월의 다음 달 말일까지의 해당 일수는 365일이다)

- (신용등급별 보증료)=(대지비 부분 보증료)+(건축비 부분 보증료)
- 신용평가 등급별 보증료율

구분	대지비 부분	건축비 부분				
		1등급	2등급	3등급	4등급	5등급
AAA, AA	0.138%	0.178%	0.185%	0.192%	0.203%	0.221%
A⁺		0.194%	0.208%	0.215%	0.226%	0.236%
A⁻, BBB⁺		0.216%	0.225%	0.231%	0.242%	0.261%
BBB⁻		0.232%	0.247%	0.255%	0.267%	0.301%
BB⁺ ~ CC		0.254%	0.276%	0.296%	0.314%	0.335%
C, D		0.404%	0.427%	0.461%	0.495%	0.531%

※ (대지비 부분 보증료)=(대지비 부분 보증금액)×(대지비 부분 보증료율)×(보증서 발급일로부터 입주자 모집공고 안에 기재된 입주 예정 월의 다음 달 말일까지의 해당 일수)÷365

※ (건축비 부분 보증료)=(건축비 부분 보증금액)×(건축비 부분 보증료율)×(보증서 발급일로부터 입주자 모집공고 안에 기재된 입주 예정 월의 다음 달 말일까지의 해당 일수)÷365

- 기여고객 할인율 : 보증료, 거래기간 등을 기준으로 기여도에 따라 6개 군으로 분류하며, 건축비 부분 요율에서 할인 가능

구분	1군	2군	3군	4군	5군	6군
차감률	0.058%	0.050%	0.042%	0.033%	0.025%	0.017%

〈상황〉

- 갑 : 신용등급은 A⁺이며, 3등급 아파트 보증금을 내야 한다. 기여고객 할인율에서는 2군으로 선정되었다.
- 을 : 신용등급은 C이며, 1등급 아파트 보증금을 내야 한다. 기여고객 할인율은 3군으로 선정되었다.

① 554,000원
② 566,000원
③ 582,000원
④ 591,000원
⑤ 623,000원

특징 ▶ 대부분 의사소통능력, 수리능력, 문제해결능력을 중심으로 출제(일부 기업의 경우 자원관리능력, 조직이해능력을 출제)
▶ 자료에 대한 추론 및 해석 능력을 요구

대행사 ▶ 엑스퍼트컨설팅, 커리어넷, 태드솔루션, 한국행동과학연구소(행과연), 휴노 등

모듈형

| 문제해결능력

41 문제해결절차의 문제 도출 단계는 (가)와 (나)의 절차를 거쳐 수행된다. 다음 중 (가)에 대한 설명으로 적절하지 않은 것은?

(가)	→	(나)
전체 문제를 개별화된 이슈들로 세분화		문제에 영향력이 큰 핵심이슈를 선정

① 문제의 내용 및 영향 등을 파악하여 문제의 구조를 도출한다.
② 본래 문제가 발생한 배경이나 문제를 일으키는 메커니즘을 분명히 해야 한다.
③ 현상에 얽매이지 말고 문제의 본질과 실제를 봐야 한다.
④ 눈앞의 결과를 중심으로 문제를 바라봐야 한다.
⑤ 문제 구조 파악을 위해서 Logic Tree 방법이 주로 사용된다.

특징
▶ 이론 및 개념을 활용하여 푸는 유형
▶ 채용 기업 및 직무에 따라 NCS 직업기초능력평가 10개 영역 중 선발하여 출제
▶ 기업의 특성을 고려한 직무 관련 문제를 출제
▶ 주어진 상황에 대한 판단 및 이론 적용을 요구

대행사
▶ 인트로맨, 휴스테이션, ORP연구소 등

피듈형(PSAT형 + 모듈형)

| 자원관리능력

07 다음 자료를 근거로 판단할 때, 연구모임 A ~ E 중 세 번째로 많은 지원금을 받는 모임은?

〈지원계획〉

• 지원을 받기 위해서는 한 모임당 5명 이상 9명 미만으로 구성되어야 한다.
• 기본지원금은 모임당 1,500천 원을 기본으로 지원한다. 단, 상품개발을 위한 모임의 경우는 2,000천 원을 지원한다.
• 추가지원금

등급	상	중	하
추가지원금(천 원/명)	120	100	70

※ 추가지원금은 연구 계획 사전평가결과에 따라 달라진다.
• 협업 장려를 위해 협업이 인정되는 모임에는 위의 두 지원금을 합한 금액의 30%를 별도로 지원한다.

〈연구모임 현황 및 평가결과〉

특징
▶ 기초 및 응용 모듈을 구분하여 푸는 유형
▶ 기초인지모듈과 응용업무모듈로 구분하여 출제
▶ PSAT형보다 난도가 낮은 편
▶ 유형이 정형화되어 있고, 유사한 유형의 문제를 세트로 출제

대행사
▶ 사람인, 스카우트, 인크루트, 커리어케어, 트리피, 한국사회능력개발원 등

학습플랜 STUDY PLAN

1일 차 학습플랜   1일 차 기출응용 모의고사

_____월 _____일		
의사소통능력	수리능력	문제해결능력

자원관리능력	조직이해능력

2일 차 학습플랜   2일 차 기출응용 모의고사

_____월 _____일		
의사소통능력	수리능력	문제해결능력

자원관리능력	조직이해능력

3일 차 학습플랜　3일 차 기출응용 모의고사

_____월 _____일

의사소통능력	수리능력	문제해결능력

자원관리능력	조직이해능력

4일 차 학습플랜　4일 차 기출응용 모의고사

_____월 _____일

의사소통능력	수리능력	문제해결능력

자원관리능력	조직이해능력

취약영역 분석 WEAK POINT

1일 차 취약영역 분석

시작 시간	:		종료 시간	:	
풀이 개수		개	못 푼 개수		개
맞힌 개수		개	틀린 개수		개
취약영역 / 유형					
2일 차 대비 개선점					

2일 차 취약영역 분석

시작 시간	:		종료 시간	:	
풀이 개수		개	못 푼 개수		개
맞힌 개수		개	틀린 개수		개
취약영역 / 유형					
3일 차 대비 개선점					

3일 차 취약영역 분석

시작 시간	:		종료 시간	:	
풀이 개수		개	못 푼 개수		개
맞힌 개수		개	틀린 개수		개
취약영역 / 유형					
4일 차 대비 개선점					

4일 차 취약영역 분석

시작 시간	:		종료 시간	:	
풀이 개수		개	못 푼 개수		개
맞힌 개수		개	틀린 개수		개
취약영역 / 유형					
시험일 대비 개선점					

이 책의 차례 CONTENTS

문 제 편   경기도 공공기관 통합채용 NCS

1일 차 기출응용 모의고사   2

2일 차 기출응용 모의고사   32

3일 차 기출응용 모의고사   64

4일 차 기출응용 모의고사   94

해 설 편   정답 및 해설

1일 차 기출응용 모의고사   2

2일 차 기출응용 모의고사   9

3일 차 기출응용 모의고사   16

4일 차 기출응용 모의고사   23

OMR 답안카드

1일 차
기출응용 모의고사

〈문항 및 시험시간〉

영역	문항 수	시험시간	모바일 OMR 답안채점 / 성적분석 서비스
의사소통능력+수리능력+문제해결능력 +자원관리능력+조직이해능력	50문항	50분	

1일 차 기출응용 모의고사

문항 수 : 50문항
시험시간 : 50분

01 다음 글과 가장 관련 있는 한자성어는?

> 기업과 정부는 국가 경제를 구성하는 핵심이다. 기업은 재화와 서비스를 만들어 부가가치를 창출하고, 임금과 세금을 지급한다. 임금과 세금으로 가계와 정부는 다시 재화와 서비스를 소비한다. 이 양이 늘어나면 국가 경제도 성장한다.
>
> 기업과 정부는 납세와 행정 서비스를 주고받는 관계이다. 기업의 매출과 이익, 그리고 그 숫자가 늘어야 정부의 재정도 풍성해질 수 있다. 활발해진 기업 활동으로 늘어난 일자리와 가계 소득은 정부의 서비스 제공 부담을 덜어주기도 한다. 반대로 기업과 정부가 갈등만 반복한다면, 경제 자체는 힘들어진다. 정부는 기업을 가로막고, 기업은 조세와 사회적 책임에서 도피와 회피만 거듭하게 된다.
>
> 세계는 지금 기업의 기 살리기 전쟁 중이다. 미국은 법인세를 절반 가까이 낮추겠다고 나섰고, 프랑스도 이 행렬에 동참했다. 2008년부터 2015년까지 법인세율을 인하했거나 유지한 국가는 28개국에 달한다. 눈앞의 조세 한 푼 대신 전반적인 경제 활성화에 따른 중장기 경제 성장과 조세 확충의 길을 택한 것이다.
>
> 정경 유착은 당연히 사라져야 할 일이지만, 기술과 산업전략, 고용 등과 관련하여 정부와 기업의 충분한 의견 교환은 반드시 필요하다. 기업은 산업경쟁력 강화를 위해, 정부는 경제 정책의 성공을 위해 서로 대립이 아닌 협력의 관계를 구축해야 한다.

① 수복강녕(壽福康寧)
② 괄목상대(刮目相對)
③ 순망치한(脣亡齒寒)
④ 호사다마(好事多魔)

02 다음 중 빈칸에 들어갈 내용으로 가장 적절한 것은?

조선왕조에서 최고의 지위를 갖고 있던 왕들의 모습은 현재의 거울처럼 더욱더 생생하게 다가오고 있다. 조선 왕들에 대한 관심은 서적이나 영화, 드라마 등을 통해서도 상당히 표출되었지만, 영화나 드라마보다 더 극적인 상황 전개가 이루어진 정치 현실과 맞물리면서 조선시대 왕의 리더십에 대해서는 더욱 통찰력 있는 분석이 요구되고 있다.

조선왕조는 500년 이상 장수한 왕조였고, 27명의 왕이 재위하였다. 각기 다른 개성을 가진 왕들은 체제의 정비가 요구되던 시기를 살기도 했고, 강력한 개혁이 요구되던 시기를 살기도 했다. 태종이나 세조처럼 자신의 집권 정당성을 위해서 강력한 왕권을 확립해야 했던 왕이나 세종이나 성종처럼 체제와 문물의 정비에 총력을 쏟았던 왕이 있었고, 광해군이나 선조처럼 개혁이 시대적 요구가 되던 시대를 살아간 왕도 있었다. 선조와 같이 전란을 겪고 수습해야 했던 왕, 인조처럼 적장에게 항복할 수밖에 없었던 왕, 원인은 달랐지만 부왕의 복수와 명예회복을 위해 살아간 효종과 정조도 있었다. 시대의 요구가 달랐고 각기 다른 배경 속에서 즉위한 조선의 왕이었지만, 이들은 모두 성리학 이념으로 무장한 신하들과 학자, 왕의 통치력을 믿고 따르는 백성들과 함께 국가를 합리적으로 이끌어 갈 임무를 부여받았다. 왕들은 때로는 과감한 개혁정책을 선보였고, 때로는 왕권에 맞서는 신권에 대응하기도 했으며 조정자의 역할도 하였다. 모두들 백성을 위한 정책을 추진한다고 했지만, 대동법과 균역법처럼 시대의 요청에 부응하는 것들도 있었던 반면, 무리한 토목공사와 천도처럼 실패한 정책들도 있었다. 체제의 안정, 변화와 개혁의 중심에도 왕의 리더십이 있었고, 왕의 리더십은 국가의 성패를 가늠하는 주요한 기준이었기에 왕으로 산다는 것은 그렇게 쉬운 일이 아니었다. 역사는 현재를 비추는 거울이라고 한다. 왕조 시대가 끝나고 국민이 주인이 되는 민주사회가 도래했다고는 하지만, 적절한 정책의 추진, 여론의 존중, 도덕과 청렴성, 소통과 포용의 리더십, 언론의 존중 등 전통사회의 왕들에게 요구되었던 덕목들은 오늘날 여전히 유효하다. _____

① 조선의 왕은 고대나 고려의 왕들에 비해 절대적인 권력을 누리지 못하였다.

② 왕을 견제하는 세력을 두어 왕권과 신권의 적절한 조화가 중요하다.

③ 조선의 왕들은 자신의 정치 역량을 최대한 발휘하는 위치에 서 있었다.

④ 조선의 왕이 보인 리더십을 본받아 현재의 리더가 갖추어야 할 덕목들을 생각해 보아야 한다.

※ 다음 글을 읽고 이어지는 질문에 답하시오. [3~4]

우리 몸속에는 체중의 0.1 ~ 0.2%에 불과한 나트륨이 들어 있다. 체중이 70kg인 사람 몸에는 약 70 ~ 140g의 나트륨이 들어 있는 것이다. 이렇게 우리 몸에서 매우 적은 비율을 차지하는 나트륨이지만 그 역할은 막대하다. 신체가 정상적인 기능을 하기 위해서는 몸 전체에 연결되어 있는 신경이 적절한 기능을 해야 한다. 이러한 신경 신호의 전달에 나트륨이 작용한다. 또한, 근육의 수축에도 나트륨이 관여한다. 실제 나트륨이 없으면 신경전달에 필요한 전기 신호의 차이가 생기지 않으며 인체의 어떤 근육 기관도 작동할 수 없다. 심한 탈수 후 과도한 수분 섭취가 위험한 것은 체액의 나트륨 농도가 갑자기 낮아져 심한 경우 심장 박동과 관련된 신경전달을 하지 못하는 상황이 초래되기 때문이다.

몸속의 나트륨은 삼투압이라 불리는 우리 몸의 체액 농도를 유지해 주는 중요한 역할을 한다. 생명을 유지하는 데 필수적인 혈액의 적혈구는 혈액의 나트륨 농도인 0.9%에서 제 기능을 충분히 수행하여 온몸에 산소를 원활히 공급한다. 소금기가 전혀 없는 물속에 적혈구를 넣으면 곧 터져버리고, 반대로 적혈구 내의 소금 농도보다 높은 소금물에 적혈구를 넣으면 적혈구가 쪼그라져서 제 기능을 할 수 없게 된다. 다른 체내의 세포에서도 세포 내 농도를 유지하는 가장 중요한 물질 중 하나가 나트륨이다. 그만큼 나트륨은 우리 몸의 작은 구성단위인 세포 기능을 위해 필수적인 존재이다.

소금의 염소는 위액의 염산을 만들어 주는 재료로서도 중요하다. 소금이 용해되어 염소이온(Cl^-)과 혈액 속에서 생기는 수소이온(H^+)이 위벽에서 함께 배출되면서 pH 0.9 ~ 1.5 정도 되는 위산, 즉 염산을 만들어 강력한 소화작용을 할 뿐만 아니라 음식물을 통해서 들어온 세균을 죽임으로써 우리 몸의 중요한 방어체제 역할을 한다. 반면, 소금의 나트륨은 이러한 위산을 중화시키는 알칼리성을 유지하는 구실을 한다. 나트륨은 체내에서 탄산과 결합하여 산을 중화시키는 중탄산염이 된다. 특히 나트륨은 쓸개즙, 이자액, 장액 등 알칼리성 소화액의 성분이 된다. 만일 소금 섭취량이 부족하면 이들 소화액의 분비가 감소하여 적절한 영양섭취가 어려울 수 있다.

또한, 나트륨은 우리가 먹은 음식물이 소장에서 대장으로 운반될 때, 매일 장으로 배출된 약 9L의 물을 다시 몸속으로 재흡수해 아주 소량만 배출되도록 하는 기전에도 관여한다. 만약 나트륨이 그 역할을 못한다면 우리는 매일 많은 양의 설사를 할 수밖에 없을 것이다. 이외에도 소금으로 섭취되는 나트륨과 염소의 역할은 너무나도 많다. 그만큼 우리 몸에 꼭 필요한 물질인 것이다.

03 다음 중 윗글의 주제로 가장 적절한 것은?

① 나트륨 과다섭취에 대한 경계

② 현대사회에서 소금의 가치

③ 소금이 우리 몸에 미치는 영향

④ 나트륨 부족 시 나타나는 영향

04 다음 중 각 문단에 소제목을 붙인다고 할 때 적절하지 않은 것은?

① 첫 번째 문단 : 신경 신호를 전달하는 나트륨

② 두 번째 문단 : 체액 농도를 유지하는 소금

③ 세 번째 문단 : 소화작용을 돕는 소금의 염소와 나트륨

④ 네 번째 문단 : 수분배출을 도와주는 나트륨

05 다음 글의 주장에 대한 반박으로 가장 적절한 것은?

> 우리는 우리가 생각한 것을 말로 나타낸다. 또 다른 사람의 말을 듣고, 그 사람이 무슨 생각을 가지고 있는지를 짐작한다. 그러므로 생각과 말은 서로 떨어질 수 없는 깊은 관계를 가지고 있다.
>
> 그렇다면 말과 생각이 얼마만큼 깊은 관계를 가지고 있을까? 이 문제를 놓고 사람들은 오랫동안 여러 가지 생각을 하였다. 그 가운데 가장 두드러진 것이 두 가지가 있다. 그 하나는 말과 생각이 서로 꼭 달라붙은 쌍둥이인데, 한 놈은 생각이 되어 속에 감추어져 있고 다른 한 놈은 말이 되어 사람 귀에 들리는 것이라는 생각이다. 다른 하나는 생각이 큰 그릇이고 말은 생각 속에 들어가는 작은 그릇이어서 생각에는 말 이외에도 다른 것이 더 있다는 생각이다.
>
> 이 두 가지 생각 가운데서 앞의 것은 조금만 깊이 생각해 보면 틀렸다는 것을 즉시 깨달을 수 있다. 우리가 생각한 것은 거의 대부분 말로 나타낼 수 있지만, 누구든지 가슴 속에 응어리진 어떤 생각이 분명히 있기는 한데 그것을 어떻게 말로 표현해야 할지 애태운 경험을 가지고 있을 것이다. 이 한 가지만 보더라도 말과 생각이 서로 안팎을 이루는 쌍둥이가 아님은 쉽게 판명된다.
>
> 인간의 생각이라는 것은 매우 넓고 큰 것이며, 말이란 결국 생각의 일부분을 주워 담는 작은 그릇에 지나지 않는다. 그러나 아무리 인간의 생각이 말보다 범위가 넓고 큰 것이라고 하여도 그것을 말로 바꾸어 놓지 않으면 그 생각의 위대함이나 오묘함이 다른 사람에게 전달되지 않기 때문에 생각이 형님이요, 말이 동생이라고 할지라도 생각은 동생의 신세를 지지 않을 수 없게 되어 있다.

① 말이 통하지 않아도 생각은 얼마든지 전달될 수 있다.
② 생각을 드러내는 가장 직접적인 수단은 말이다.
③ 말은 생각이 바탕이 되어야 생산될 수 있다.
④ 말과 생각은 서로 영향을 주고받는 긴밀한 관계를 유지한다.

06 다음 중 밑줄 친 부분의 맞춤법이 옳은 것은?

① 나의 <u>바램대로</u> 내일은 흰 눈이 왔으면 좋겠다.
② 엿가락을 고무줄처럼 <u>늘였다</u>.
③ 학생 신분에 <u>알맞는</u> 옷차림을 해야 한다.
④ 계곡물에 손을 <u>담구니</u> 시원하다.

07 다음 글에서 〈보기〉의 내용이 들어갈 위치로 가장 적절한 곳은?

정보란 무엇인가? 이 점은 정보화 사회를 맞이하면서 우리가 가장 깊이 생각해 보아야 할 문제이다. 정보는 그냥 객관적으로 주어진 대상인가? 그래서 그것은 관련된 당사자들에게 항상 가치중립적이고 공정한 지식이 되는가? 결코 그렇지 않다. 똑같은 현상에 대해 정보를 만들어 내는 방식은 매우 다양할 수 있다. 정보라는 것은 인간에 의해 가공되는 것이고, 그 배경에는 언제나 나름대로의 입장과 가치관이 깔려 있기 마련이다. 정보화 사회가 되어 정보가 넘쳐나는 듯하지만, 사실 우리 대부분은 그 소비자로 머물러 있을 뿐 적극적인 생산의 주체로 나서지 못하고 있다. 이런 상황에서는 우리의 생활을 질적으로 풍요롭게 해 주는 정보를 확보하기가 대단히 어렵다. 사실 우리가 일상적으로 구매하고 소비하는 정보는 대부분이 일회적인 심심풀이용이 많다. __(가)__

또한, 정보가 많을수록 좋은 것만은 아니다. 오히려 정보의 과잉은 무기력과 무관심을 낳는다. 네트워크와 각종 미디어와 통신 기기의 회로들 속에서 정보가 기하급수적인 속도의 규모로 증식하고 있는 데 비해, 그것을 수용하고 처리할 수 있는 우리 두뇌의 용량은 진화하지 못하고 있다. 이 불균형은 일상의 스트레스 또는 사회적인 교란으로 표출된다. 정보 그 자체에 집착하는 태도에서 벗어나 무엇이 필요한지를 분별할 수 있는 능력이 배양되어야 한다. __(나)__

정보는 얼마든지 새롭게 창조될 수 있다. 컴퓨터의 기계적인 언어로 입력되기 전까지의 과정은 인간의 몫이다. 기계가 그것을 대신하기는 불가능하다. 따라서 정보화 시대의 중요한 관건은 컴퓨터에 대한 지식이나 컴퓨터를 다루는 방법이 아니라, 무엇을 담을 것인가에 대한 인간의 창조적 상상력이다. 그것은 전자레인지가 아무리 좋아도 그 자체로 훌륭한 요리를 보장하지는 못하는 것과 마찬가지이다. __(다)__

정보와 지식 그 자체로는 딱딱하게 굳어 있는 물건처럼 존재하는 듯 보인다. 그러나 그것은 커뮤니케이션 속에서 살아 움직이며 진화한다. 끊임없이 새로운 의미가 발생하고 더 고급으로 갱신되어 간다. 따라서 한 사회의 정보화 수준은 그러한 소통의 능력과 직결된다. 정보의 순환 속에서 끊임없이 새로운 정보로 거듭나는 역동성 없이는 아무리 방대한 데이터베이스라 해도 그 기능에 한계가 있기 때문이다. __(라)__

─────〈보기〉─────

한 가지 예를 들어 보자. 어떤 나라에서 발행하는 관광 안내 책자는 정보가 섬세하고 정확하다. 그러나 그 책을 구입해 관광을 간 소비자들은 종종 그 내용의 오류를 발견한다. 그리고 많은 이들이 그것을 그냥 넘기지 않고 수정 사항을 엽서에 적어서 출판사에 보낸다. 출판사는 일일이 현지에 직원을 파견하지 않고도 책자를 개정할 수 있다.

① (가) ② (나)
③ (다) ④ (라)

08 다음 문단을 논리적 순서대로 바르게 나열한 것은?

> (가) '단어 연상법'은 프랜시스 골턴이 개발한 것으로, 지능의 종류를 구분하기 위한 것이었다. 이것은 피실험자에게 일련의 단어들을 또박또박 읽어주면서 각각의 단어를 듣는 순간 제일 먼저 떠오르는 단어를 말하게 하고, 실험자는 계시기를 들고 응답 시간, 즉 피실험자가 응답하는 데 걸리는 시간을 측정하여 차트에 기록하는 방법으로 진행한다. 실험은 대개 백 개가량의 단어로 진행했다. 골턴은 응답 시간을 정확히 재기 위해 온갖 수단을 동원했지만, 그렇게 해서 얻은 정보의 양이 거의 없거나 지능의 수준을 평가하는 데 별로 중요하지 않은 경우가 많았다.
>
> (나) 융이 그린 그래프들은 특정한 단어에 따르는 응답자의 심리 상태를 보여주었다. 이 결과를 통해 다음과 같은 두 가지 결론을 얻어낼 수 있었다. 첫째, 대답 과정에서 감정이 생겨난다. 둘째, 응답의 지연은 모종의 인식하지 못한 과정에 의해 자연 발생적으로 생겨난다. 하지만 이 기록을 토대로 결론을 내리거나 중요성을 따지기에는 너무 일렀다. 피실험자의 의식적 의도와는 별개로 작동하는 뭔가 알지 못하는 지연 행위가 있음이 분명했다.
>
> (다) 당시에 성행했던 심리학 연구나 심리학을 정신의학에 응용하는 연구는 주로 의식에 초점이 맞춰져 있었다. 따라서 단어 연상법의 심리학에 대한 실험 연구도 의식을 바탕으로 해서 진행되었다. 하지만 융은 의식 또는 의지의 작용을 넘어서는 무엇인가가 있을 것이라고 생각했다. 여기서 그는 콤플렉스라는 개념을 끌어들인다. 융의 정의에 따르면 그것은 특수한 종류의 감정으로 이루어진 무의식 속의 관념 덩어리인데, 이것이 응답 시간을 지연시켰다는 것이다. 이후 여러 차례 실험을 거듭한 결과 그 결론은 사실임이 밝혀졌으며, 콤플렉스와 개인적 속성은 융의 사상 체계에서 핵심적인 요소가 되었다.
>
> (라) 융의 연구 결과 단어 연상의 응답 시간은 피실험자의 정서에 큰 영향을 받으며, 그 실험법은 감춰진 정서를 찾아내는 데 더 유용하다는 점이 입증되었다. 정신적 연상의 연구를 통해 지능의 종류를 판단하고자 했던 단어 연상 실험이 오히려 그와는 다른 방향, 즉 무의식적인 감정이 빚어내는 효과를 드러내는 데 더 유용하다는 사실이 증명된 것이다. 그동안 골턴을 비롯하여 그 실험법을 수천 명의 사람들에게 실시했던 연구자들은 지연된 응답의 배후에 있는 피실험자의 정서에 주목하지 않았으며, 단지 응답의 지연을 피실험자가 반응하지 못한 것으로만 기록했던 것이다.
>
> (마) 그런데 융은 이 실험에서 응답 시간이 늦어질 경우 피실험자에게 왜 응답을 망설이는지 물어보는 과정을 추가하였다. 그러자 놀랍게도 피실험자는 자신의 응답 시간이 늦어지는 것도 알지 못했을 뿐만 아니라, 그에 대해 아무런 설명도 하지 못했다. 융은 거기에 틀림없이 어떤 이유가 있으리라고 생각하고 구체적으로 파고들어 갔다. 한번은 말(馬)이라는 단어가 나왔는데 어떤 피실험자의 응답 시간이 무려 1분이 넘었다. 자세히 조사해 보니 그 피실험자는 과거에 사고로 말을 잃었던 아픈 기억을 지니고 있었다. 실험이 있기 전까지는 잊고 있었던 그 기억이 실험 과정에서 되살아난 것이다.

① (가) – (마) – (라) – (나) – (다)
② (가) – (마) – (라) – (다) – (나)
③ (나) – (다) – (가) – (마) – (라)
④ (나) – (마) – (다) – (라) – (나)

09 다음 글의 내용으로 적절하지 않은 것은?

일반적으로 문화는 '생활양식' 또는 '인류의 진화로 이룩된 모든 것'이라는 포괄적인 개념을 갖고 있다. 이렇게 본다면 언어는 문화의 하위 개념에 속하는 것이다. 그러나 언어는 문화의 하위 개념에 속하면서도 문화 자체를 표현하여 그것을 전파전승하는 기능도 한다. 이로 보아 언어에는 그것을 사용하는 민족의 문화와 세계 인식이 녹아있다고 할 수 있다. 가령 '사촌'이라고 할 때, 영어에서는 'Cousin'으로 이를 통칭(通稱)하지만 우리말에서는 친·외, 고종·이종 등으로 구분하고 있다. 친족 관계에 대한 표현에서 우리말이 영어보다 좀 더 섬세하게 되어 있는 것이다. 이것은 친족 관계를 좀 더 자세히 표현하여 차별 내지 분별하려 한 우리 문화와 그것을 필요로 하지 않는 영어권 문화의 차이에서 기인한 것이다.

문화에 따른 이러한 언어의 차이는 낱말에서만이 아니라 어순(語順)에서도 나타난다. 우리말은 영어와 주술 구조가 다르다. 우리말은 주어 다음에 목적어, 그 뒤에 서술어가 온다. 이에 비해 영어에서는 주어 다음에 서술어, 그 뒤에 목적어가 온다. 우리말의 경우 '나는 너를 사랑한다.'라고 할 때, '나'와 '너'를 먼저 밝히고, 그 다음에 '나의 생각'을 밝히는 것에 비하여, 영어에서는 '나'가 나오고, 그 다음에 '나의 생각'이 나온 뒤에 목적어인 '너'가 나온다. 이러한 어순의 차이는 결국 나의 의사보다 상대방에 대한 관심을 먼저 보이는 우리의 문화와 나의 의사를 밝히는 것이 먼저인 영어를 사용하는 사람들의 문화 차이에서 기인한 것이다. 대화를 할 때 다른 사람을 대우하는 것에서도 이런 점을 발견할 수 있다.

손자가 할아버지에게 무엇을 부탁하는 경우를 생각해 보자. 이 경우 영어에서는 'You do it, please.'라고 하고, 우리말에서는 '할아버지께서 해 주세요.'라고 한다. 영어에서는 상대방이 누구냐에 관계없이 상대방을 가리킬 때 'You'라는 지칭어를 사용하고, 서술어로는 'do'를 사용한다. 그런데 우리말에서는 상대방을 가리킬 때, 무조건 영어의 'You'에 대응하는 '당신(너)'이라는 말만을 쓰는 것은 아니고 상대에 따라 지칭어를 달리 사용한다. 뿐만 아니라 영어의 'do'에 대응하는 서술어도 상대에 따라 '해 주어라, 해 주게, 해 주오, 해 주십시오, 해 줘, 해 줘요'로 높임의 표현을 달리한다. 이는 우리말이 서열을 중시하는 전통적인 유교 문화를 반영하고 있기 때문이다. 언어는 단순한 음성기호 이상의 의미를 지니고 있다. 앞의 예에서 알 수 있듯이 언어에는 그 언어를 사용하는 민족의 문화가 용해되어 있다. 따라서 우리 민족이 한국어라는 구체적인 언어를 사용한다는 것은 단순히 지구상에 있는 여러 언어 가운데 개별 언어 한 가지를 쓴다는 사실만을 의미하지는 않는다. 우리말에는 우리 민족의 문화와 세계 인식이 녹아있기 때문이다. 따라서 우리말에 대한 애정은 우리 문화에 대한 사랑이요, 우리의 정체성을 살릴 수 있는 길일 것이다.

① 언어는 문화를 표현하고 전파전승하는 기능을 한다.
② 문화의 하위 개념인 언어는 문화와 밀접한 관련이 있다.
③ 영어에 비해 우리말은 친족 관계를 나타내는 표현이 다양하다.
④ 우리말의 문장 표현에서는 상대방에 대한 관심보다는 나의 생각을 우선시한다.

10 다음 중 밑줄 친 ㉠~㉣의 수정 방안으로 적절하지 않은 것은?

일반적으로 감기는 겨울에 걸린다고 생각하지만 의외로 여름에도 걸린다. 여름에는 찬 음식을 많이 먹거나 냉방기를 과도하게 사용하는 경우가 많은데, 그렇게 되면 체온이 떨어지고 면역력이 약해지기 때문이다. ㉠ 감기를 순 우리말로 고뿔이라 한다.
여름철 감기를 예방하기 위해서는 찬 음식은 적당히 먹어야 하고 냉방기에 장시간 ㉡ 노출되어지는 것을 피해야 한다. ㉢ 또한 충분한 휴식을 취하고, 집에 돌아온 후에는 손발을 꼭 씻어야 한다.
만약 감기에 걸렸다면 탈수로 인한 탈진을 방지하기 위해 수분을 충분히 섭취해야 한다. 특히 감기로 인해 ㉣ 열이나 기침을 할 때는 따뜻한 물을 여러 번에 나누어 조금씩 먹는 것이 좋다.

① 글의 통일성을 해치므로 ㉠을 삭제한다.
② 피동 표현이 중복되므로 ㉡을 '노출되는'으로 고친다.
③ 문맥의 자연스러운 흐름을 위해 ㉢을 '그러므로'로 고친다.
④ 호응 관계를 고려하여 ㉣을 '열이 나거나 기침을 할 때는'으로 고친다.

11 목적지까지 갈 때의 속력은 80km/h, 돌아올 때의 속력은 120km/h이다. 1시간 이내로 출발지에서 목적지까지 왕복하려면 목적지는 출발지에서 최대 몇 km 떨어진 곳에 있어야 하는가?

① 44km   ② 46km
③ 48km   ④ 50km

12 다음과 같이 일정한 규칙으로 수를 나열할 때 빈칸에 들어갈 수로 옳은 것은?

| 41 | 216 | 51 | 36 | 61 | ( ) | 71 | 1 |

① 6   ② 9
③ 11   ④ 14

13 A~G 7명은 일렬로 배치된 의자에 다음 〈조건〉과 같이 앉는다. 이때 가능한 경우의 수는?

---〈조건〉---

- A는 양 끝에 앉지 않는다.
- G는 가운데에 앉는다.
- B는 G의 바로 옆에 앉는다.

---

① 60가지   ② 72가지

③ 144가지   ④ 288가지

14 K공단은 야유회에서 4개의 팀으로 나누어서 철봉 오래 매달리기 시합을 하였다. 팀별 기록에 대한 정보가 다음과 같을 때, A팀 4번 선수와 B팀 2번 선수 기록의 평균은 얼마인가?

〈팀별 철봉 오래 매달리기 기록〉

(단위 : 초)

구분	1번 선수	2번 선수	3번 선수	4번 선수	5번 선수
A팀	32	46	42	( )	42
B팀	48	( )	36	53	55
C팀	51	30	46	45	53
D팀	36	50	40	52	42

※ C팀의 평균은 A팀보다 3초 길다.
※ D팀의 평균은 B팀보다 2초 짧다.

① 43초   ② 42초

③ 41초   ④ 40초

15 총무인사과에 근무하는 T사원은 사내의 복지 증진과 관련하여 임직원을 대상으로 휴게실 확충에 대한 의견을 수렴하였다. 다음 중 의견 수렴 결과에 대한 설명으로 옳지 않은 것은?

〈휴게실 확충에 대한 본부별·성별 찬반 의견〉

(단위 : 명)

구분	A본부		B본부	
	여직원	남직원	여직원	남직원
찬성	180	156	120	96
반대	20	44	80	104
합계	200	200	200	200

① 두 본부의 남직원 중 60% 이상이 휴게실 확충에 찬성하고 있다.

② 각 본부의 여직원 중 A본부 여직원의 찬성 비율이 B본부 여직원의 찬성 비율보다 1.5배 높다.

③ B본부 전 직원 중 여직원의 찬성 비율이 남직원의 찬성 비율보다 1.2배 이상 높다.

④ 두 본부 전 직원 중에서 성별 찬성 인원의 차이가 본부별 찬성 인원의 차이보다 크다.

16 K공장에서는 기계 2대를 운용하고 있다. K공장의 전체 작업을 수행할 때 A기계로는 12시간이 걸리며, B기계로는 18시간이 걸린다. 이미 절반의 작업이 수행된 상태에서 A기계로 4시간 동안 작업하다가 이후로는 A, B 두 기계를 모두 동원해 작업을 수행했다면 남은 작업을 완료하는 데 소요되는 총시간은?

① 5시간

② 5시간 12분

③ 5시간 20분

④ 5시간 30분

17 다음 〈조건〉을 만족하는 자연수로 옳은 것은?

─〈조건〉─

• 두 자리 자연수이다.

• 자연수는 각 자릿수를 더한 값의 8배이다.

• 자연수는 각 자릿수의 자리를 바꾼 값보다 45가 많다.

① 27

② 55

③ 68

④ 72

18 다음은 K정화시설의 에너지 소비량 및 온실가스 배출량에 대한 자료이다. 〈보기〉 중 이에 대한 설명으로 옳은 것을 모두 고르면?

〈K정화시설 에너지 소비량〉

(단위 : TOE)

구분	에너지 소비량									
	합계	건설 부문				이동 부문				
		소계	경유	도시가스	수전전력	소계	휘발유	경유	도시가스	천연가스
2023년	11,658	11,234	17	1,808	9,409	424	25	196	13	190
2024년	17,298	16,885	58	2,796	14,031	413	28	179	15	191

〈K정화시설 온실가스 배출량〉

(단위 : 톤CO_2eq)

구분	온실가스 배출량				
	합계	고정 연소	이동 연소	공정 배출	간접 배출
2023년	30,823	4,052	897	122	25,752
2024년	35,638	6,121	965	109	28,443

〈보기〉

ㄱ. 에너지 소비량 중 이동 부문에서 경유가 차지하는 비중은 2024년에 전년 대비 10%p 이상 감소하였다.

ㄴ. 건설 부문의 도시가스 소비량은 2024년에 전년 대비 30% 이상 증가하였다.

ㄷ. 2024년 온실가스 배출량 중 간접 배출이 차지하는 비중은 2023년 온실가스 배출량 중 고정 연소가 차지하는 비중의 5배 이상이다.

① ㄱ
② ㄴ
③ ㄱ, ㄷ
④ ㄴ, ㄷ

19 농도가 7%인 소금물 300g과 농도가 8%인 소금물 500g을 섞었다. 섞은 소금물을 증발시켜 농도가 10% 이상인 소금물을 만들려고 할 때, 증발시켜야 하는 물의 양은 최소 몇 g 이상인가?

① 200g
② 190g
③ 185g
④ 175g

20 다음은 계절별 강수량 추이에 대한 자료이다. 이에 대한 설명으로 옳은 것은?

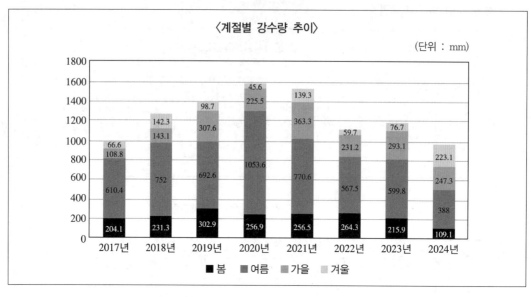

① 2017년부터 2024년까지 가을철 평균 강수량은 210mm 미만이다.
② 여름철 강수량이 두 번째로 높았던 해의 가을·겨울철 강수량의 합은 봄철 강수량의 2배 이상이다.
③ 강수량이 제일 낮은 해에 우리나라는 가뭄이었다.
④ 강수량의 변화가 전년 대비 가장 큰 때는 2022년이다.

21 다음 중 SWOT 분석에 대해 추론한 내용으로 가장 적절한 것은?

> SWOT 분석에서 강점(S)은 경쟁기업과 비교하여 소비자로부터 강점으로 인식되는 것이 무엇인지, 약점(W)은 경쟁기업과 비교하여 소비자로부터 약점으로 인식되는 것이 무엇인지, 기회(O)는 외부 환경에서 유리한 기회 요인은 무엇인지, 위협(T)은 외부 환경에서 불리한 위협 요인은 무엇인지를 찾아내는 것이다. SWOT 분석의 가장 큰 장점은 기업의 내부 및 외부 환경의 변화를 동시에 파악할 수 있다는 것이다.

① 제품의 우수한 품질은 SWOT 분석의 기회 요인으로 볼 수 있다.
② 초고령화 사회는 실버산업에 있어 기회 요인으로 볼 수 있다.
③ 기업의 비효율적인 업무 프로세스는 SWOT 분석의 위협으로 볼 수 있다.
④ 살균제 달걀 논란은 빵집에게 있어 약점 요인으로 볼 수 있다.

22 최근 스마트폰 보급과 모바일 쇼핑의 활성화를 바탕으로 모바일 결제시장이 급성장하고 있다. 이에 K금융기관은 모바일 뱅킹 서비스와 관련하여 분석한 결과를 바탕으로 다음과 같은 전략 과제를 수립하였다. 이를 토대로 한 실행방안으로 적절하지 않은 것은?

단계	전략 과제
정보 취득 및 설치 단계	• 최초 접근 채널 다양화 • 모바일 뱅킹 서비스 친숙도 증대 • 모바일 뱅킹 이용방법 이해도 증진 • 앱 / 인증서 설치 등 편의성 증대 • 시스템 안전성 어필 및 고객의 이체 실수 두려움 제거
이용단계	• 직관적이고 심플한 UI 구성 • 이용단계 간소화 및 오류 제거 • 대면 – 비대면 채널 간 연계 강화 • 다양한 채널로 언제 어디서든 도움 제공

① 스마트 체험존 구축
② 직원을 통한 모바일 결제서비스 안내 강화
③ 서비스 단계 축소로 간편함 어필
④ 안전한 금융거래를 위한 스마트OTP 도입 추진

23 A빵집과 B빵집은 서로 마주보고 있는 경쟁업체이다. 인근 상권에는 두 업체만 있으며, 각 매장에 하루 평균 100명의 고객이 방문한다. 고객은 가격변동에 따른 다른 매장으로의 이동은 있으나 이탈은 없다. 두 빵집이 서로 협상할 수 없는 조건일 때 다음 중 옳지 않은 것은?

B \ A	인상	유지	인하
인상	(20%, 20%)	(30%, −20%)	(45%, −70%)
유지	(−20%, 30%)	(0%, 0%)	(10%, −30%)
인하	(−70%, 45%)	(−30%, 10%)	(−20%, −20%)

※ 괄호 안의 숫자는 A빵집과 B빵집의 매출증가율을 의미한다(A빵집 매출증가율, B빵집 매출증가율).
※ 가격의 인상폭과 인하폭은 동일하다.

① A빵집과 B빵집 모두 가격을 유지할 가능성이 높다.
② A빵집이 가격을 인상할 때, B빵집이 가격을 유지한다면 A빵집은 손해를 입게 된다.
③ A빵집이 가격을 인상할 때, B빵집은 가격을 유지하는 것보다 인하하는 것이 더 큰 이익을 얻을 수 있다.
④ A빵집이 가격을 유지할 때, B빵집이 가격을 인상한다면 B빵집은 손해를 입게 된다.

24 경영기획실에서 근무하는 A씨는 매년 부서별 사업계획을 정리하는 업무를 맡고 있다. 부서별로 수립한 사업계획을 간략하게 정리한 보고서를 보고 A씨가 할 수 있는 생각으로 옳은 것은?

〈사업별 기간 및 소요예산〉

- A사업 : 총사업기간은 2년으로, 첫해에는 1조 원, 둘째 해에는 4조 원의 예산이 필요하다.
- B사업 : 총사업기간은 3년으로, 첫해에는 15조 원, 둘째 해에는 18조 원, 셋째 해에는 21조 원의 예산이 필요하다.
- C사업 : 총사업기간은 1년으로, 총소요예산은 15조 원이다.
- D사업 : 총사업기간은 2년으로, 첫해에는 15조 원, 둘째 해에는 8조 원의 예산이 필요하다.
- E사업 : 총사업기간은 3년으로, 첫해에는 6조 원, 둘째 해에는 12조 원, 셋째 해에는 24조 원의 예산이 필요하다.

올해를 포함한 향후 5년간 위의 5개 사업에 투자할 수 있는 예산은 다음과 같다.

〈연도별 가용예산〉

(단위 : 조 원)

1차 연도(올해)	2차 연도	3차 연도	4차 연도	5차 연도
20	24	28.8	34.5	41.5

〈규정〉

- 모든 사업은 한번 시작하면 완료될 때까지 중단할 수 없다.
- 예산은 당해 사업연도에 남아도 상관없다.
- 각 사업연도의 예산은 이월될 수 없다.
- 모든 사업을 향후 5년 이내에 반드시 완료한다.

① B사업을 3차 연도에 시작하고, C사업을 최종연도에 시행한다.
② A사업과 D사업을 1차 연도에 동시에 시작한다.
③ 첫해에는 E사업만 시작한다.
④ D사업을 1차 연도에 시작한다.

25 사내 워크숍 준비를 위해 A ~ E직원의 참석 여부를 조사하고 있다. C가 워크숍에 참석한다고 할 때, 〈조건〉에 따라 워크숍에 참석하는 직원을 바르게 짝지은 것은?

───────〈조건〉───────

- B가 워크숍에 참석하면 E는 참석하지 않는다.
- D는 B와 E가 워크숍에 참석하지 않을 때 참석한다.
- A가 워크숍에 참석하면 B 또는 D 중 한 명이 함께 참석한다.
- C가 워크숍에 참석하면 D는 참석하지 않는다.
- C가 워크숍에 참석하면 A도 참석한다.

① A, B, C   ② A, C, D

③ B, C, D   ④ A, B, C, E

26 다음 〈조건〉에 따라 악기를 배치하고자 할 때, 옳지 않은 것은?

───────〈조건〉───────

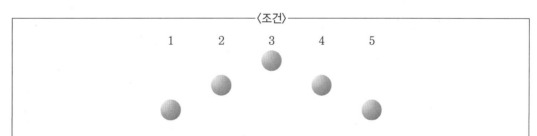

- 목관 5중주는 플루트, 클라리넷, 오보에, 바순, 호른 각 1대씩으로 이루어진다.
- 최상의 음향 효과를 내기 위해서는 음색이 서로 잘 어울리는 악기는 바로 옆자리에 놓아야 하고, 서로 잘 어울리지 않는 악기는 바로 옆자리에 놓아서는 안 된다.
- 오보에와 클라리넷의 음색은 서로 잘 어울리지 않는다.
- 플루트와 클라리넷의 음색은 서로 잘 어울린다.
- 플루트와 오보에의 음색은 서로 잘 어울린다.
- 호른과 오보에의 음색은 서로 잘 어울리지 않는다.
- 바순의 음색과 서로 잘 어울리지 않는 악기는 없다.
- 바순은 그 음이 낮아 제일 왼쪽(1번) 자리에는 놓일 수 없다.

① 플루트는 3번 자리에 놓일 수 있다.
② 클라리넷은 5번 자리에 놓일 수 있다.
③ 오보에는 2번 자리에 놓일 수 있다.
④ 바순은 3번 자리에 놓일 수 없다.

※ 다음은 K공사에 접수된 문의사항에 대한 자료이다. 이어지는 질문에 답하시오. [27~29]

〈접수 체계〉

ㄱㄴ	ㅗ	b	01
상품	제조지	제조일	문의내용

상품		제조지		제조일		문의내용			
ㄱㄴ	스마트폰	ㅏ	서울	a	2024년	01	환불	11	수리
ㄷㄹ	TV	ㅔ	경기	b	2023년	02	질문	12	방문
ㅁㅂ	컴퓨터	ㅣ	강원	c	2022년	03	불만	13	반송
ㅅㅇ	냉장고	ㅗ	경북	d	2021년	04	예약	14	설치
ㅈㅊ	가습기	ㅜ	전북	e	2020년	05	교환	15	기타

※ 문의내용은 복수선택이 가능하다.

〈접수 현황〉

ㅅㅇㅔb02	ㄷㄹㅏe15	ㅅㅇㅗc15	ㅁㅂㅣb0511
ㄱㄷㅜa03	ㅅㅇㅣb1214	ㅈㅊㅔa02	ㄱㄴㅗc03
ㄷㄹㅣa0103	ㅁㅂㅔd0405	ㄱㄴㅗd0013	ㅅㅇㅏa14

27 2024년 전북에서 제조된 가습기의 예약과 설치 방법에 대한 문의가 접수되었다. 접수 현황에 기재할 내용으로 옳은 것은?

① ㅈㅊㅜa0514   ② ㅈㅊㅗa0414

③ ㅈㅊㅜa0414   ④ ㅈㅊㅜe0414

28 접수 현황을 처리하는 도중 잘못 접수된 내용들이 발견되었다. 잘못된 접수 현황은 몇 개인가?

① 1개   ② 2개

③ 3개   ④ 4개

29 28번 문제의 잘못된 접수를 제외하고 정리했을 때, 2번 이상 접수된 문의내용은 몇 개인가?

① 3개   ② 4개

③ 5개   ④ 6개

30 버스터미널에서 근무하는 A씨에게 부산에 사는 어느 고객이 버스 정보에 대해 문의를 해왔다. 다음 〈보기〉의 대화 중 A씨가 고객에게 바르게 안내한 것을 모두 고르면?

- 부산 터미널

도착지	서울 종합 버스터미널
출발 시각	매일 15분 간격(06:00 ~ 23:00)
소요 시간	4시간 30분 소요
운행 요금	우등 29,000원 / 일반 18,000원

- 부산 동부 터미널

도착지	서울 종합 버스터미널
출발 시각	06:30, 08:15, 13:30, 17:15, 19:30
소요 시간	4시간 30분 소요
운행 요금	우등 30,000원 / 일반 18,000원

※ 도로 교통 상황에 따라 소요 시간에 차이가 있을 수 있습니다.

〈보기〉

고객 : 안녕하세요. 제가 서울에 볼일이 있어 버스를 타고 가려고 하는데요. 어떻게 하면 되나요?

A씨 : (가) 네, 고객님. 부산에서 서울로 출발하는 버스터미널은 부산 터미널과 부산 동부 터미널이 있는데요. 고객님 댁이랑 어느 터미널이 더 가깝나요?

고객 : 부산 동부 터미널이 더 가까운 것 같아요.

A씨 : (나) 부산 동부보다 부산 터미널에 더 많은 버스들이 배차되고 있습니다. 새벽 6시부터 밤 11시까지 15분 간격으로 운행되고 있으니 부산 터미널을 이용하시는 것이 좋을 것 같습니다.

고객 : 그럼 서울에 1시까지는 도착해야 하는데 몇 시 버스를 이용하는 것이 좋을까요?

A씨 : (다) 부산에서 서울까지 4시간 30분 정도 소요되므로 1시 이전에 여유 있게 도착하려면 오전 8시 또는 8시 15분 출발 버스를 이용하시면 될 것 같습니다.

고객 : 4시간 30분보다 더 소요되는 경우도 있나요?

A씨 : (라) 네, 도로 교통 상황에 따라 소요 시간에 차이가 있을 수 있습니다.

고객 : 그럼 운행 요금은 어떻게 되나요?

A씨 : (마) 부산 터미널에서 서울 종합 버스터미널까지 운행요금은 29,000원입니다.

① (가), (나)　　　　　　　　　② (가), (다)

③ (가), (다), (라)　　　　　　　④ (다), (라), (마)

31 K사는 후문 인근 유휴지 개발을 위한 시공업체를 선정하고자 한다. 업체 선정방식 및 참가업체에 대한 평가정보가 다음과 같을 때, 최종적으로 선정될 업체는?

〈선정방식〉

- 최종점수가 가장 높은 업체를 선정한다.
- 업체별 최종점수는 경영건전성 점수, 시공실적 점수, 전력절감 점수, 친환경 점수를 합산한 값의 평균에 가점을 가산하여 산출한다.
- 해당 업체의 평가항목별 점수는 심사위원들이 부여한 점수의 평균값이다.
- 다음에 해당하는 경우 가점을 부여한다.

내용	가점
최근 5년 이내 무사고	1점
디자인 수상 실적 1회 이상	2점
입찰가격 150억 원 이하	2점

〈참가업체 평가정보〉

(단위 : 점)

구분	A업체	B업체	C업체	D업체
경영건전성 점수	85	91	79	88
시공실적 점수	79	82	81	71
전력절감 점수	71	74	72	77
친환경 점수	88	75	85	89
최근 5년 이내 사고 건수(건)	1	–	3	–
디자인 수상 실적(회)	2	1	–	–
입찰가격(원)	220억	172억	135억	110억

① A업체　　　　　　　　② B업체
③ C업체　　　　　　　　④ D업체

32 모스크바 지사에서 일하고 있는 A대리는 밴쿠버 지사와의 업무협조를 위해 4월 22일 오전 10시 15분에 밴쿠버 지사로 업무협조 메일을 보냈다. 다음 〈조건〉을 토대로 밴쿠버 지사에서 가장 빨리 메일을 읽었을 때, 모스크바의 시각은?

─────〈조건〉─────

• 밴쿠버는 모스크바보다 10시간이 늦다.
• 밴쿠버 지사의 업무시간은 오전 10시부터 오후 6시까지이다.
• 밴쿠버 지사에서는 4월 22일 오전 10시부터 15분간 전력 점검이 있었다.

① 4월 22일 오전 10시 15분
② 4월 23일 오전 10시 15분
③ 4월 22일 오후 8시 15분
④ 4월 23일 오후 8시 15분

33 해외의 교량 건설 사업을 수주한 K건설사는 자원을 효과적으로 관리하기 위해 다음과 같은 과정을 거친다. 〈보기〉 중 (가) ~ (라)에 해당하는 내용이 바르게 연결된 것은?

〈효과적인 자원관리 과정〉				
순서	(가)	(나)	(다)	(라)
내용	필요한 자원의 종류와 양 확인하기	이용 가능한 자원 수집하기	자원 활용 계획 세우기	계획대로 수행하기

─────〈보기〉─────

(가) 근로자들의 순환 일정 및 공정 진행에 따른 설비 투입 계획을 세운다.
(나) 국내에서 파견할 근로자들을 선발하고, 현지 업체를 통해 현지 근로자들을 고용한다.
(다) 교량 건설에 필요한 자재 및 인력을 동원하기 위한 비용을 조사한다.
(라) 기존 계획을 필요에 따라 수정하기도 하면서 교량 건설 계획을 시행한다.

① (가), (나)　　　　　　　② (가), (다)
③ (나), (다)　　　　　　　④ (나), (라)

34 다음 대화의 빈칸에 들어갈 정부장의 조언으로 적절하지 않은 것은?

> 정부장 : 김대리, 시간을 충분히 주었다고 생각했는데 진행 상황이 생각보다 늦네요. 이유가 뭐죠?
> 김대리 : 아, 부장님. 죄송합니다. 저, 그게… 저는 최대한 노력한다고 하는데 항상 시간이 모자랍니다. 업무 능력이 부족해서인 것 같습니다.
> 정부장 : 아니에요. 김대리. 능력은 충분해요. 만약 노력을 하는데도 시간이 부족하다면 내 생각에는 계획을 세울 필요가 있을 것 같네요. 시간을 쓰는 데도 계획이 있어야 하는데 시간 계획을 세울 때는 _____

① 목표를 구체적으로 세워야 합니다.

② 행동을 중심으로 세워야 합니다.

③ 현실적으로 가능해야 합니다.

④ 최대한 완벽한 계획을 세울 수 있도록 충분한 시간을 가져야 합니다.

35 K마트 본사에서는 최근 시간관리 매트릭스에 대한 강의를 실시했다. 시간관리 매트릭스는 효율적으로 시간 관리를 할 수 있도록 중요한 일과 중요하지 않은 일의 우선순위를 나누는 분류 방법이다. 다음 중 강의를 들은 A씨가 실제 업무 시에 시간관리 매트릭스를 적용하여 업무를 분류한 내용으로 가장 적절한 것은?

〈시간관리 매트릭스〉

구분	긴급한 일	긴급하지 않은 일
중요한 일	제1사분면	제2사분면
중요하지 않은 일	제3사분면	제4사분면

※ 각 사분면의 좌표 위치는 우선순위 정도를 고려하지 않는다.

> A씨는 K마트 고객지원팀 사원이다. A씨는 ⓐ 다음 주에 상부에 보고할 내용을 마무리하는 도중 고객으로부터 '상품을 먹은 후 두드러기가 나서 일상생활이 힘들 정도다.'라는 ⓑ 불만 접수를 받았다. 고객은 오늘 내로 해결할 방법을 알려달라는 강한 불만을 제기했다. 아직 업무는 다 끝내지 못한 상태이고, 오늘 저녁에는 ⓒ 친구와 약속이 있다. 약속 시간까지는 2시간 정도 남은 상태이다.

	제1사분면	제2사분면	제3사분면	제4사분면
①	ⓐ	ⓒ	ⓑ	–
②	ⓑ	ⓐ	–	ⓒ
③	ⓑ, ⓒ	–	–	ⓐ
④	–	ⓐ	ⓒ	ⓑ

K회사는 2025년 초에 회사 내의 스캐너 15대를 교체하려고 계획하고 있다. 각 스캐너의 정보는 다음과 같다.

구분	Q스캐너	T스캐너	G스캐너
제조사	미국 B회사	한국 C회사	독일 D회사
가격	180,000원	220,000원	280,000원
스캔 속도	40장/분	60장/분	80장/분
주요 특징	• 양면 스캔 가능 • 50매 연속 스캔 • 소비전력 절약 모드 지원 • 카드 스캔 가능 • 백지 Skip 기능 • 기울기 자동 보정 • A/S 1년 보장	• 양면 스캔 가능 • 타 제품보다 전력소모 60% 절감 • 다양한 소프트웨어 지원 • PDF 문서 활용 가능 • 기울기 자동 보정 • A/S 1년 보장	• 양면 스캔 가능 • 빠른 스캔 속도 • 다양한 크기 스캔 • 100매 연속 스캔 • 이중급지 방지 장치 • 백지 Skip 기능 • 기울기 자동 보정 • A/S 3년 보장

36 스캐너 구매를 담당하고 있는 B씨는 사내 설문조사를 통해 부서별로 필요한 스캐너 기능을 확인하였다. 이를 참고하였을 때, 구매할 스캐너의 순위는?

- 양면 스캔 가능 여부
- 카드 크기부터 계약서 크기까지 스캔 지원
- 50매 이상 연속 스캔 가능 여부
- A/S 1년 이상 보장
- 예산 4,200,000원까지 가능
- 기울기 자동 보정 여부

① T스캐너 – Q스캐너 – G스캐너

② G스캐너 – Q스캐너 – T스캐너

③ G스캐너 – T스캐너 – Q스캐너

④ Q스캐너 – G스캐너 – T스캐너

37 36번 문제에서 순위가 가장 높은 스캐너를 구입했다. 80장, 240장, 480장을 스캔하는 데 몇 초가 걸리겠는가?

	80장	240장	480장
①	120초	360초	720초
②	80초	240초	480초
③	100초	220초	410초
④	60초	180초	360초

K씨는 개인이 사용할 목적으로 한정판 게임기를 미국 소재 인터넷 쇼핑몰에서 물품가격과 운송료를 지불하고 구매했다. 다음 관세 관련 규정과 K씨의 구매 내역을 참고하여 K씨가 게임기 구매로 지출한 원화금액을 바르게 구한 것은?

〈관세 관련 규정〉

• 물품을 수입할 경우 과세표준에 품목별 관세율을 곱한 금액을 관세로 납부해야 한다. 단, 과세표준이 15만 원 미만이고, 개인이 사용할 목적으로 수입하는 물건에 대해서는 관세를 면제한다.

• 과세표준은 판매자에게 지급한 물품가격, 미국에 납부한 세금, 미국 내 운송료, 미국에서 한국까지의 운송료를 합한 금액을 원화로 환산한 금액을 의미한다. 단, 미국에서 한국까지의 운송료는 실제 지불한 운송료가 아닌 다음의 국제선편 요금을 적용한다.

※ 과세표준 환산 시 환율은 관세청장이 정한 고시환율에 따른다(현재 고시환율 : 1,100원/$).

〈국제선편 요금〉

중량	0.5kg 이상 1kg 미만	1kg 이상 1.5kg 미만
금액(원)	10,000	15,000

〈K씨의 구매 내역〉

• 게임기 가격 : $120
• 미국에서 한국까지 운송료 : $35
• 구매 시 적용된 환율 : 1,200원/$
• 게임기 중량 : 950g
• 게임기에 적용되는 관세율 : 10%
• 미국 내 세금 및 미국 내 운송료는 없다.

① 174,800원
② 186,000원
③ 197,200원
④ 208,400원

39 같은 상품을 각기 다른 공장에서 생산하고 있다. 이 상품을 가게에 들여오려고 할 때 선택할 수 있는 공장과 운송요금은 다음과 같다. 상품을 1,000kg 구매하는 경우와 상품을 2,000kg 구매하는 경우 각각 가장 저렴한 서비스는?(단, 전체 요금은 기본요금과 무게당 요금, 세금, 거리당 요금을 합산한 것을 말한다)

<상품 관련 정보>

구분	기본요금	1kg당 요금	세금	거리	1km당 요금
A	3,000원	200원	1,000원	2,500km	450원
B	2,000원	150원	1,500원	3,500km	350원
C	2,500원	150원	1,500원	5,000km	250원
D	1,000원	200원	2,500원	3,000km	400원
E	0원	200원	2,000원	6,000km	200원

	1,000kg	2,000kg			1,000kg	2,000kg
①	A	B		②	C	D
③	B	C		④	D	E

40 다음 글에서 나타나는 A씨의 문제 상황에 대한 이유로 적절하지 않은 것은?

A씨는 홈쇼핑이나 SNS 광고를 보다가 혹하여 구매를 자주 하는데, 이는 지금 당장은 필요 없지만 추후에 필요할 경우가 반드시 생길 것이라 생각하기 때문이다. 이렇다 보니 쇼핑 중독 수준에 이르러 집에는 포장도 뜯지 않은 박스들이 널브러져 있었다. 이에 A씨는 오늘 모든 물품들을 정리하였는데, 지금 당장 필요한 것만 빼놓고 나머지를 창고에 마구잡이로 올려놓는 식이었다. 며칠 뒤 A씨는 전에 샀던 물건이 필요하게 되어 창고를 들어갔지만, 물건이 순서 없이 쌓여져 있는 탓에 찾다가 포기하고 돌아서 나오다가 옆에 있던 커피머신을 떨어뜨려 고장냈다.

① 물품을 분실한 경우
② 물품의 보관 장소를 파악하지 못하는 경우
③ 물품이 훼손된 경우
④ 물품을 정리하지 않고 보관한 경우

41 다음 상황에서 K사가 해외 시장 개척을 앞두고 기존의 조직구조를 개편할 경우, K사가 추가해야 할 조직으로 적절하지 않은 것은?

K사는 몇 년 전부터 자체 기술로 개발한 제품의 판매 호조로 인해 기대 이상의 수익을 창출하게 되었다. 경쟁업체들이 모방할 수 없는 독보적인 기술력을 앞세워 국내 시장을 공략한 결과, 이미 더 이상의 국내 시장 경쟁자들은 없다고 할 만큼 탄탄한 시장 점유율을 확보하였다. 이러한 K사의 사장은 올 초부터 해외 시장 진출의 꿈을 갖고 필요한 자료를 수집하기 시작하였다. 충분한 자금력을 확보한 K사는 우선 해외 부품 공장을 인수한 후 현지에 생산 기지를 건설하여 국내에서 생산되는 물량의 절반 정도를 현지로 이전하여 생산하고, 이를 통한 물류비 절감으로 주변국들부터 시장을 넓혀가겠다는 야심찬 계획을 가지고 있다. 한국 본사에서는 내년까지 4~5곳의 해외 거래처를 더 확보하여 지속적인 해외 시장 개척에 매진한다는 중장기 목표를 대내외에 천명해 둔 상태이다.

① 해외관리팀   ② 기업회계팀
③ 외환업무팀   ④ 통관물류팀

42 다음은 K사의 주력상품인 돌침대에 대한 시장 조사 결과 보고서이다. 이를 토대로 K사가 마련해야 할 마케팅 전략으로 적절한 것을 〈보기〉에서 모두 고르면?

• 조사 기간 : 2025. 01. 11. ~ 2025. 01. 21.
• 조사 품목 : 돌침대
• 조사 대상 : 주부 1,000명
• 조사 결과
 - 소비자의 건강에 대한 관심 증대
 - 소비자는 가격보다 제품의 기능을 우선적으로 고려
 - 취급 점포가 너무 많아서 점포관리가 체계적이지 못함
 - 자사 제품의 가격이 낮아서 품질도 떨어지는 것으로 인식됨

〈보기〉
ㄱ. 유통 경로를 늘린다.
ㄴ. 고급화 전략을 추진한다.
ㄷ. 박리다매 전략을 이용한다.
ㄹ. 전속적 또는 선택적 유통 전략을 도입한다.

① ㄱ, ㄴ   ② ㄱ, ㄷ
③ ㄴ, ㄷ   ④ ㄴ, ㄹ

43 조직 변화는 제품과 서비스, 전략과 구조, 기술, 문화 측면에서 이루어질 수 있다. 다음 〈보기〉 중 동일한 조직 변화 유형끼리 바르게 짝지은 것은?

─〈보기〉─

ㄱ. 세계시장에 적합한 신제품 출시
ㄴ. 의사결정 분권화
ㄷ. 제품 생산 속도 향상을 위한 기술 도입
ㄹ. 경영 규칙 및 규정 개정
ㅁ. 학습조직 구축

① ㄱ, ㄴ   ② ㄴ, ㄹ
③ ㄷ, ㄹ   ④ ㄷ, ㅁ

44 다음 중 민츠버그가 구분한 경영자에 대한 설명으로 옳지 않은 것은?

① 민츠버그는 대인적 · 정보적 · 의사결정적 활동의 3가지로 경영자의 역할을 나누었다.
② 대인적 역할은 상징자 혹은 지도자로서 대외적으로 조직을 대표하고, 자원배분자 등의 역할을 의미한다.
③ 의사결정적 역할은 조직 내 문제를 해결하고 대외적 협상을 주도하는 협상가 등의 역할을 의미한다.
④ 정보적 역할은 조직을 둘러싼 외부 환경의 변화를 모니터링하고, 이를 조직에 전달하는 정보전달자의 역할을 의미한다.

45 다음 중 업무배정에 대한 설명으로 옳지 않은 것은?

① 조직의 업무는 조직 전체의 목적을 달성하기 위해 배분되는 것이다.
② 업무의 종류, 성격, 범위 등의 구분이 모호한 상태에서 업무를 배정하는 것이 일반적이다.
③ 일의 상호관련성에 따라 구분하기도 한다.
④ 직위는 조직의 구성원들이 일정 업무를 수행하도록 하는 데 필요한 권한과 책임이 부여된 조직상의 위치이다.

46 다음 〈보기〉 중 조직의 환경적응에 대한 설명으로 적절하지 않은 것을 모두 고르면?

---〈보기〉---

ㄱ. 세계화의 기업에 대한 영향은 진출시장, 투자대상 확대 등 기업의 대외적 경영 측면으로 국한된다.

ㄴ. 특정 국가에서의 업무 동향 점검 시에는 거래 기업에 대한 정보와 시장의 특성뿐 아니라 법규에 대하여도 파악하는 것이 필수적이다.

ㄷ. 이문화 이해는 곧 상이한 문화와의 언어적 소통을 가리키므로 현지에서의 인사법 등 예절에 주의하여야 한다.

ㄹ. 이문화 이해는 특정 타 지역에 오랜 기간 형성된 문화를 이해하는 것으로, 단기간에 집중적인 학습으로 신속하게 수월한 언어적 능력을 갖추는 것이 최선이다.

① ㄱ, ㄴ
② ㄴ, ㄷ
③ ㄱ, ㄴ, ㄹ
④ ㄱ, ㄷ, ㄹ

47 경영은 경영계획, 경영실행, 경영평가의 과정으로 나타낼 수 있다. 다음 중 경영 과정에 대한 설명으로 적절하지 않은 것은?

| 경영계획 | → | 경영실행 | → | 경영평가 |

① 경영계획이란 조직의 미래상을 결정하고 이를 달성하기 위한 대안을 분석하는 과정이다.
② 경영계획의 단계에서는 조직의 목표를 수립하고, 이에 따른 실행방안을 선정한다.
③ 경영실행의 단계에서는 조직 목적을 달성하기 위한 활동을 수행한다.
④ 경영평가의 단계에서는 조직구성원을 관리하고 수행결과를 감독한다.

48 다음 중 경영의 대표적인 4가지 구성요소는?

① 경영목적, 인적자원, 자금, 마케팅
② 자금, 전략, 마케팅, 회계
③ 인적자원, 마케팅, 회계, 자금
④ 경영목적, 인적자원, 자금, 전략

※ 다음은 기획팀 Y사원이 Z과장에게 진행해야 할 업무에 대해 지시받고 있는 상황이다. 이어지는 질문에 답하시오. [49~50]

Y씨, 목요일에 중요한 회의가 있으니 목요일 아침 일찍 출근하셔서 회의 준비를 해 주시기 바랍니다. 이번 회의는 경영팀, 회계팀, 인사팀, 영업팀에서 각 2명씩 참가할 예정이며, 저희 부서에서는 저와 Y씨가 참가합니다. 회의 진행은 전략팀 D대리께서 해 주신다고 합니다. 참, 제가 발표할 서류를 준비해 주셔야 합니다. 따라서 적어도 화요일까지는 서류를 보내 주시기 바랍니다. 또 회의를 마치고 출장을 갈 예정이니 관련 예약을 부탁드리며, 이와 관련한 보고는 수요일까지 해 주시기 바랍니다. 마지막으로 오늘 점심에 중요한 미팅이 있으니 오후 미팅을 1시에서 2시 반으로 변경해 주시기 바랍니다.

49 다음 중 Y사원은 어떤 업무를 가장 먼저 처리해야 하는가?

① 목요일 회의 자료 준비를 끝마친다.
② 발표에 필요한 자료를 찾도록 한다.
③ 오늘 오후 미팅을 1시에서 2시 반으로 변경한다.
④ 출장에 관련된 숙소 예약을 한다.

50 다음 상황을 고려할 때 목요일 회의에는 몇 명이 참여해야 하는가?

① 7명
② 8명
③ 10명
④ 11명

2일 차
기출응용 모의고사

〈문항 및 시험시간〉

영역	문항 수	시험시간	모바일 OMR 답안채점 / 성적분석 서비스
의사소통능력+수리능력+문제해결능력 +자원관리능력+조직이해능력	50문항	50분	

2일 차 기출응용 모의고사

01 다음 글을 읽고 추론할 수 없는 것은?

> 공유와 경제가 합쳐진 공유경제는 다양한 맥락에서 정의되는 용어이지만, 공유경제라는 개념은 '소유권(Ownership)'보다는 '접근권(Accessibility)'에 기반을 둔 경제모델을 의미한다. 전통경제에서는 생산을 담당하는 기업들이 상품이나 서비스를 생산하기 위해서 원료, 부품, 장비 등을 사거나 인력을 고용했던 것과 달리, 공유경제에서는 기업뿐만 아니라 개인들도 자산이나 제품이 제공하는 서비스에 대한 접근권의 거래를 통해서 자원을 효율적으로 활용하여 가치를 창출할 수 있다. 소유권의 거래에 기반한 기존 자본주의 시장경제와는 다른 새로운 게임의 법칙이 대두한 것이다.
>
> 공유경제에서는 온라인 플랫폼이라는 조직화된 가상공간을 통해서 접근권의 거래가 이루어진다. 온라인 플랫폼은 인터넷의 연결성을 기반으로 유휴자산(遊休資産)을 보유하거나 필요로 하는 수많은 소비자와 공급자가 모여서 소통할 수 있는 기반이 된다. 다양한 선호를 가진 이용자들이 거래 상대를 찾는 작업을 사람이 일일이 처리하는 것은 불가능한 일인데, 공유경제 기업들은 고도의 알고리즘을 이용하여 검색, 매칭, 모니터링 등의 거래 과정을 자동화하여 처리한다.
>
> 공유경제에서 거래되는 유휴자산의 종류는 자동차나 주택에 국한되지 않는다. 개인이나 기업들이 소유한 물적 · 금전적 · 지적 자산에 대한 접근권을 온라인 플랫폼을 통해서 거래할 수만 있다면 거의 모든 자산의 거래가 공유경제의 일환이 될 수 있다. 가구, 가전 등의 내구재, 사무실, 공연장, 운동장 등의 물리적 공간, 전문가나 기술자의 지식, 개인들의 여유 시간이나 여유 자금 등이 모두 접근권 거래의 대상이 될 수 있다.

① 기존의 시장경제는 접근권(Accessibility)보다 소유권(Ownership)에 기반을 두었다.

② 공유경제의 등장에는 인터넷의 발달이 중요한 역할을 하였다.

③ 기존의 시장경제에서는 소비자와 그에 맞는 공급자를 찾는 작업을 일일이 처리할 수 없었다.

④ 온라인 플랫폼을 통해 자신이 타던 자동차를 판매하는 것도 공유경제의 일환이 될 수 있다.

02 다음 글의 중심 내용으로 가장 적절한 것은?

'노블레스 오블리주(Noblesse Oblige)'는 높은 지위에 맞는 도덕적 의무감을 일컫는 말이다. 높든 낮든 사람들은 모두 지위를 가지고 이 사회를 살아가고 있다. 그러나 '노블레스 오블리주'는 '높은 지위'를 강조하고, 그것도 사회를 이끌어 가는 지도층에 속하는 사람들의 지위를 강조한다. 지도층은 '엘리트층'이라고도 하고 '상층'이라고도 한다. 좀 부정적 의미로는 '지배층'이라고도 한다. '노블레스 오블리주'는 지도층의 지위에 맞는 도덕적 양심과 행동을 이르는 말로, 사회의 중요 덕목으로 자주 인용된다.

그렇다면 지도층만 도덕적 의무감이 중요하고 일반 국민의 도덕적 의무감은 중요하지 않다는 말인가? 물론 그럴 리도 없고 그렇지도 않다. 도덕적 의무감은 지위가 높든 낮든 다 중요하다. '사회는 도덕 체계이다.'라는 말처럼, 사회가 존속하고 지속되는 것은 기본적으로는 법 때문이 아니라 도덕 때문이다. 한 사회 안에서 수적으로 얼마 안 되는 '지도층'의 도덕성만이 문제될 수는 없다. 화합하는 사회, 인간이 존중되는 사회에는 국민 전체의 도덕성이 더 중요하다.

그런데도 왜 '노블레스 오블리주'인가? 왜 지도층만의 도덕적 의무감을 특히 중요시하는가? 이유는 명백하다. 우리식 표현으로는 윗물이 맑아야 아랫물이 맑기 때문이다. 서구식 주장으로는 지도층이 '도덕적 지표(指標)'가 되기 때문이다. 그런데 우리식의 표현이든 서구식의 주장이든 이 두 생각이 사회에서 그대로 적용되는 것은 아니다. 사회에서는 위가 맑아도 아래가 부정한 경우가 비일비재(非一非再)하다. 또한, 도덕적 실천에서는 지도층이 꼭 절대적 기준이 되는 것도 아니다. 완벽한 기준은 세상 어디에도 존재하지 않는다. 단지 건전한 사회를 만드는 데 어느 방법이 높은 가능성을 지니느냐, 어느 것이 효과적인 방법이냐만 있을 뿐이다. 우리식 표현이든 서구식 주장이든 두 생각이 공통적으로 갖는 의미는 지도층의 도덕적 의무감이 일반 국민을 도덕 체계 속으로 끌어들이는 데 가장 효과적이며 효율적인 방법이라는 것에 있다. 그래서 '노블레스 오블리주'이다.

① 노블레스 오블리주의 기원
② 노블레스 오블리주가 필요한 이유
③ 노블레스 오블리주의 적용범위
④ 노블레스 오블리주의 한계

개인의 자아실현은 사회·문화적 환경의 영향에서 자유로울 수 없다. 정도의 차이는 있겠지만, 모든 사회는 개인의 자아실현을 쉽게 이룰 수 없게 하는 여러 장애 요인들을 안고 있다. 우리가 살고 있는 시대도 마찬가지이다. 그중에서도 모든 사람들에게 커다란 영향을 미치면서 그 전모가 쉽게 드러나지 않는 것이 있다. 그것은 바로 남성과 여성에 대한 편견, 그리고 그에 근거한 차별이라 할 수 있다. 이 오래된 편견은 사람들의 마음속에 고정관념으로 자리 잡고 있으면서 수많은 남성과 여성의 삶을 제약하고 자아실현을 방해하고 있다.

성에 대한 고정관념을 지닌 사회에서 태어난 사람은 태어나는 순간부터 성별에 따라 다른 대우를 받게 된다. 여자 아기에게는 분홍색, 남자 아기에게는 파란색을 주로 입히거나 아기의 성별에 따라 부모가 서로 다른 행동을 하는 것 등이 대표적인 예가 될 수 있다. 아기가 커 가면서 이러한 구별은 더욱 엄격해져서 아동은 성별에 따라 해도 되는 행동과 해서는 안 되는 행동의 내용이 다르다는 것을 알게 된다. 타고난 호기심으로 성별과 무관하게 새로운 행동을 탐색해 나가는 과정에서 아동은 자신의 성별에 적합한 행동을 할 때 칭찬, 상, 은근한 미소 등으로 격려를 받는 반면, 부적합한 행동을 할 때는 꾸중, 벌, 무관심 등의 제지를 당하면서 자신의 풍성한 잠재력의 한 부분을 일찍이 잠재워 버리게 된다.

아동이 이러한 성 역할과 성적 고정관념을 보상과 처벌, 그리고 일정한 역할 모델을 통하여 습득하면 이는 아동의 자아 개념의 중요한 일부분을 형성하게 된다. 그리고 이렇게 자아 개념이 형성되면, 그 이후에는 외부로부터의 보상과 처벌에 관계없이도 자아 개념에 부합하도록 행동함으로써 스스로 심리적 보상을 받게 된다. 이는 초기에 형성된 고정관념을 계속 유지·강화하는 역할을 하게 된다. 이렇게 되면, 아동은 자신이 가진 무한한 잠재력을 다 발휘할 기회를 갖지 못하고 성별에 따라 제한된 영역에서만 활동하고 그에 만족을 느끼는 것이 옳다고 생각하게 된다. 최근에는 이러한 장벽을 무너뜨려 모든 사람들이 좀 더 자유롭게 살 수 있게 하기 위한 노력이 다방면에서 이루어지고 있다. 그러한 노력의 하나로 심리학에서 제안한 것이 양성성(兩性性)이라는 개념이다. 이것은 모든 여성은 '여성답고' 모든 남성은 '남성다운' 것이 바람직하다고 여겼던 고정관념과는 달리, 모든 인간은 각자의 고유한 특성에 따라 지금까지 여성적이라고 규정되어 왔던 바람직한 특성과 남성적이라고 규정되어 왔던 바람직한 특성을 동시에 지닐 수 있다고 보는 것이다.

미래 사회는 어떤 모습이 될 것인가? 생활양식과 가족 구조에 급격한 변화가 올 것은 자명하다. 사람들이 지향하는 가치관에도 변화가 올 것이다. 이런 사회가 도래했을 때, 지금도 유지되고 있는 전통적 성 역할 규범은 골동품이 되고 말 것이다. 남녀 모두가 집에서도 업무를 볼 수 있게 되고 함께 자녀를 돌보고 키우게 됨으로써 '남자는 일터에, 여자는 가정에'라는 케케묵은 공식은 더 이상 성립하지 않게 될 것이다. 여성다움이나 남성다움을 넘어 모든 인간이 자신이 가지고 있는 고유한 특성에 따라 자아를 실현할 수 있는 사회를 기대해 본다.

03 다음 중 윗글의 내용으로 적절하지 않은 것은?

① 사회·문화적 환경의 영향 중 커다란 영향력을 미치면서도 전모가 쉽게 드러나지 않는 것은 성차별이다.

② 전통적 성 역할 규범이 꾸준히 생활양식과 가족 구조에 큰 영향을 줄 것이다.

③ 성 역할의 규범은 성에 대한 고정관념을 지닌 사회에서 더 뚜렷이 나타난다.

④ 아동의 자아 개념 형성에 성 역할과 성적 고정관념이 중요한 역할을 한다.

04 다음 중 윗글의 제목으로 가장 적절한 것은?

① 편견, 자아실현의 방해 요소

② 성(性), 인간의 행동의 결과

③ 미래 사회의 가치관 변화

④ 양성성, 남성다움과 여성다움을 넘어

05 다음 중 밑줄 친 부분의 맞춤법이 옳지 않은 것은?

① 바리스타로서 자부심을 가지고 커피를 내렸다.

② 어제는 왠지 피곤한 하루였다.

③ 용감한 시민의 제보로 진실이 드러났다.

④ 점심을 먹은 뒤 바로 설겆이를 했다.

06 다음 중 빈칸에 들어갈 내용으로 가장 적절한 것은?

_____는 슬로건이 대두되는 이유는 우리가 작품의 맥락과 내용에 대한 지식에 의존하여 작품을 감상하는 일이 자주 있기 때문이다. 맥락에 있어서건 내용에 있어서건 지식이 작품의 가치 평가에서 하는 역할이란 작품의 미적인 측면과는 관련이 없는 것처럼 보인다. 단토는 일찍이 '어떤 것을 예술로 보는 것은 눈이 알아보지 못하는 무엇[예술 이론의 분위기와 예술사에 대한 지식, 즉 예술계(Artworld)]을 요구한다.'라고 주장했다. 그가 드는 고전적인 예는 앤디 워홀이 복제한 브릴로 상자들인데, 이 상자들은 1960년대의 평범한 슈퍼마켓에 깔끔하게 쌓아올려진 채 진열되어 있었던 그런 종류의 물건이었다. 어떤 의도와 목적을 가지고 보든지 워홀의 브릴로 상자들은 그것이 모사하는 일상의 대상인 실제 브릴로 상자들과 조금도 달라 보이지 않지만, 그래도 우리는 워홀의 상자는 예술로 대하고 가게에 있는 상자들은 그렇게 대하지 않는다. 그 차이는 워홀이 만든 대상이 지닌 아름다움으로는 설명될 수 없다. 왜냐하면 이 측면에서라면 두 종류의 상자가 지닌 특질은 동일하다고 볼 수 있기 때문이다. 그렇다면 우리는 워홀의 브릴로 상자가 지닌 아름다움에 대해 그것은 그 작품의 예술로서의 본성과 의미와 관련하여 외적이라고 말할 수 있을 것이다.

① 의미가 중요하다
② 대중성이 중요하다
③ 실천이 중요하다
④ 지식이 중요하다

07 다음 글과 가장 관련 있는 한자성어는?

이제 막 성인이 되어 직장생활을 시작한 철수는 학창시절 선생님의 농담 같았던 이야기들이 사회에서 꼭 필요한 것들이었음을 깨달았다.

① 오비이락(烏飛梨落)　　　　　② 중언부언(重言復言)
③ 탁상공론(卓上空論)　　　　　④ 언중유골(烏飛梨落)

08 다음 글에서 뒤르켐이 헤겔을 비판할 수 있는 주장으로 가장 적절한 것은?

시민 사회라는 용어는 17세기에 등장했지만 19세기 초에 이를 국가와 구분하여 개념적으로 정교화한 인물이 헤겔이다. 그가 활동하던 시기에 유럽의 후진국인 프러시아에는 절대주의 시대의 잔재가 아직 남아 있었다. 산업 자본주의도 미성숙했던 때여서 산업화를 추진하고 자본가들을 육성하며 심각한 빈부 격차나 계급 갈등 등의 사회문제를 해결해야 하는 시대적 과제가 있었다. 그는 사익의 극대화가 국부를 증대해 준다는 점에서 공리주의를 긍정했으나, 그것이 시민 사회 내에서 개인들의 무한한 사익 추구가 일으키는 빈부 격차나 계급 갈등을 해결할 수는 없다고 보았다. 그는 시민 사회가 개인들의 사적 욕구를 추구하며 살아가는 생활 영역이자 그 욕구를 사회적 의존 관계 속에서 추구하게 하는 공동체적 윤리성의 영역이어야 한다고 생각했다. 특히 시민 사회 내에서 사익 조정과 공익 실현에 기여하는 직업 단체와 복지 및 치안 문제를 해결하는 복지 행정 조직의 역할을 설정하면서, 이 두 기구가 시민 사회를 이상적인 국가로 이끌 연결 고리가 될 것으로 기대했다. 하지만 빈곤과 계급 갈등은 시민 사회 내에서 근원적으로 해결될 수 없는 것이었다. 따라서 그는 국가를 사회 문제를 해결하고 공적 질서를 확립할 최종 주체로 설정하면서 시민 사회가 국가에 협력해야 한다고 생각했다.

한편, 1789년 프랑스 혁명 이후 프랑스 사회는 혁명을 이끌었던 계몽주의자들의 기대와는 다른 모습을 보이고 있었다. 사회는 사익을 추구하는 파편화된 개인들의 각축장이 되어 있었고 빈부 격차와 계급 갈등은 격화된 상태였다. 이러한 혼란을 극복하기 위해 노동자 단체와 고용주 단체 모두를 불법으로 규정한 르샤폴리에 법이 1791년부터 약 90년간 시행되었으나, 이 법은 분출되는 사익의 추구를 억제하지도 못하면서 오히려 프랑스 시민 사회를 극도로 위축시켰다.

뒤르켐은 이러한 상황을 아노미, 곧 무규범 상태로 파악하고 최대 다수의 최대 행복을 표방하는 공리주의가 사실은 개인의 이기심을 전제로 하고 있기에 아노미를 조장할 뿐이라고 생각했다. 그는 사익을 조정하고 공익과 공동체적 연대를 실현할 도덕적 개인주의의 규범에 주목하면서, 이를 수행할 주체로서 직업 단체의 역할을 강조하였다. 뒤르켐은 직업 단체가 정치적 중간 집단으로서 구성원의 이해관계를 국가에 전달하는 한편 국가를 견제해야 한다고 보았던 것이다.

① 직업 단체는 정치적 중간 집단의 역할로 빈곤과 계급 갈등을 근원적으로 해결하지 못한다.

② 직업 단체와 복지행정조직이 시민 사회를 이상적인 국가로 이끌어 줄 열쇠이다.

③ 국가가 주체이기는 하지만 공동체적 연대의 실현을 수행할 중간 집단으로서의 주체가 필요하다.

④ 국가를 최종 주체로 설정한다면 사익을 조정할 수 있고, 공적 질서를 확립할 수 있다.

09 다음 문단을 논리적 순서대로 바르게 나열한 것은?

(가) 문화재(문화유산)는 옛 사람들이 남긴 삶의 흔적이다. 그 흔적에는 유형의 것과 무형의 것이 모두 포함된다. 문화재 가운데 가장 가치 있는 것으로 평가받는 것은 다름 아닌 국보이며, 현행 문화유산법 체계상 국보에 무형문화재는 포함되지 않는다. 즉, 국보는 유형문화재만을 대상으로 한다.

(나) 국보 선정 기준에 따라 우리의 전통 문화재 가운데 최고의 명품으로 꼽힌 문화재로는 국보 1호 숭례문이 있다. 숭례문은 현존 도성 건축물 중 가장 오래된 건물이다. 다음으로 온화하고 해맑은 백제의 미소로 유명한 충남 서산 마애여래삼존상은 국보 84호이다. 또한 긴 여운의 신비하고 그윽한 종소리로 유명한 성덕대왕신종은 국보 29호이고, 유네스코 세계유산으로도 지정된 석굴암은 국보 24호이다. 이렇듯 우리나라 전통문화의 상징인 국보는 다양한 국보 선정의 기준으로 선발된 것이다.

(다) 문화유산법에 따르면 국보는 특히 '역사적·학술적·예술적 가치가 큰 것, 제작 연대가 오래되고 그 시대를 대표하는 것, 조형미나 제작 기법이 우수해 그 유례가 적은 것, 형태·품질·용도가 현저히 특이한 것, 저명한 인물과 관련이 깊거나 그가 제작한 것' 등을 대상으로 한다. 이것이 국보 선정의 기준인 셈이다.

(라) 이처럼 국보 선정의 기준으로 선발된 문화재는 지금 우리 주변에서 여전히 숨쉬고 있다. 우리와 늘 만나고 우리와 늘 교류한다. 우리에게 감동과 정보를 주기도 하고, 때로는 이 시대의 사람들과 갈등을 겪기도 한다. 그렇기에 국보를 둘러싼 현장은 늘 역동적이다. 살아있는 역사라 할 수 있다. 문화재는 그 스스로 숨쉬면서 이 시대와 교류하므로 우리는 그에 어울리는 시선으로 국보를 바라볼 필요가 있다.

① (가) – (나) – (라) – (다)
② (가) – (다) – (나) – (라)
③ (다) – (가) – (나) – (라)
④ (다) – (나) – (가) – (라)

10 다음 글의 내용으로 가장 적절한 것은?

세계관은 세계의 존재와 본성, 가치 등에 관한 신념들의 체계이다. 세계를 해석하고 평가하는 준거인 세계관은 곧 우리 사고와 행동의 토대가 되므로, 우리는 최대한 정합성과 근거를 갖추도록 노력해야 한다. 모순되거나 일관되지 못한 신념은 우리의 사고와 행동을 혼란시킬 것이므로 세계관에 대한 관심과 검토는 중요하다. 세계관을 이루는 여러 신념 가운데 가장 근본적인 수준의 신념은 '세계는 존재한다.'이다. 이 신념이 성립해야만 세계에 관한 다른 신념, 이를테면 세계가 항상 변화한다든가 불변한다든가 하는 등의 신념이 성립하기 때문이다.

실재론은 이 근본적 신념에 덧붙여 세계가 '우리 정신과 독립적으로' 존재함을 주장한다. 내가 만들어 날린 종이비행기는 멀리 날아가 볼 수 없게 되었다 해도 여전히 존재한다. 이는 명확해서 논란의 여지가 없어 보이지만, 반실재론자는 이 상식에 도전한다. 유명한 반실재론자인 버클리는 세계의 독립적 존재를 부정한다. 그는 이를 바탕으로 세계에 관한 주장을 편다. 그에 의하면 '주관적' 성질인 색깔, 소리, 냄새, 맛 등은 물론, '객관적'으로 성립한다고 여겨지는 형태, 공간을 차지함, 딱딱함, 운동 등의 성질도 오로지 우리가 감각할 수 있을 때만 존재하는 주관적 속성이다. 세계 속의 대상과 현상이란 이런 속성으로 구성되므로 세계는 감각으로 인식될 때만 존재한다는 것이다.

버클리의 주장은 우리의 통념과 충돌한다. 당시 어떤 사람이 돌을 차면서 "나는 이렇게 버클리를 반박한다!"라고 외쳤다고 한다. 그는 날아간 돌이 엄연히 존재한다는 점을 근거로 버클리의 주장을 반박하고자 한 것이다. 그러나 버클리를 비롯한 반실재론자들이 부정한 것은 세계가 정신과 독립하여 그 자체로 존재한다는 신념이다. 따라서 돌을 찬 사람은 그들을 제대로 반박하지 못했다고 볼 수 있다.

최근까지도 새로운 형태의 반실재론이 제기되어 활발한 논의가 진행 중이다. 논증의 성패를 떠나 반실재론자는 타성에 젖은 실재론적 세계관의 토대에 대해 성찰할 기회를 제공한다. 또한 세계관에 대한 도전과 응전의 반복은 그 자체로 인간 지성이 상호 소통하면서 발전해가는 과정을 보여준다.

① 발로 찼을 때 날아간 돌은 실재론자의 주장이 옳다는 사실을 증명한다.
② 실재론자에게 있어서 세계는 감각할 수 있는 요소에 한정된다.
③ 실재론이나 반실재론 모두 세계는 존재한다는 공통적인 전제를 깔고 있다.
④ 형태나 운동 등이 객관적인 속성을 갖췄다는 사실은 실재론자나 반실재론자 모두 인정하는 부분이다.

11 주머니 속에 흰 공 5개, 검은 공 4개가 들어 있다. 주머니에서 2개의 공을 꺼낼 때, 모두 흰 공이거나 모두 검은 공일 확률은?

① $\dfrac{2}{5}$

③ $\dfrac{5}{9}$

② $\dfrac{4}{9}$

④ $\dfrac{3}{5}$

12 인식이는 과자와 아이스크림을 사려고 한다. 과자는 하나에 1,000원, 아이스크림은 하나에 600원일 때, 15,000원을 가지고 과자와 아이스크림을 총 17개 사려고 한다면 아이스크림은 최소 몇 개를 사야 되는가?

① 4개

③ 6개

② 5개

④ 7개

13 다음과 같이 일정한 규칙으로 수를 나열할 때 빈칸에 들어갈 수로 옳은 것은?

2	4	11	6	12	19	14	( )	35	30

① 16

③ 24

② 20

④ 28

다음은 K국가의 신생아 사망률에 대한 자료이다. 이에 대한 설명으로 옳은 것은?

〈생후 1주일 이내 성별 · 생존기간별 신생아 사망률〉

(단위 : 명, %)

성별 생존기간	남아		여아	
	사망자 수	사망률	사망자 수	사망률
1시간 이내	31	2.7	35	3.8
1 ~ 12시간	308	26.5	249	27.4
13 ~ 24시간	97	8.3	78	8.6
25 ~ 48시간	135	11.6	102	11.2
49 ~ 72시간	166	14.3	114	12.5
73 ~ 168시간	272	23.4	219	24.1
미상	153	13.2	113	12.4
전체	1,162	100.0	910	100.0

〈생후 1주일 이내 산모연령별 신생아 사망률〉

(단위 : 명, %)

산모연령	출생아 수	신생아 사망률
19세 미만	6,356	8.8
20 ~ 24세	124,956	6.3
25 ~ 29세	379,209	6.8
30 ~ 34세	149,760	9.4
35 ~ 39세	32,560	13.5
40세 이상	3,977	21.9
전체	696,818	7.7

① 1주일 이내 신생아 사망률에서 첫째 날 여아 사망률은 남아 사망률보다 낮다.

② 생후 1주일 이내 신생아 사망자 수가 가장 많은 산모연령대는 40세 이상이다.

③ 생후 1주일 이내 신생아 전체 사망자 중 첫째 날의 신생아 사망자 비율은 30% 이하이다.

④ 생후 1주일 이내 신생아 사망률 중 셋째 날 신생아 사망률은 약 13.5%이다.

15 K공사는 하반기 공채에서 9명의 신입사원을 채용하였고, 신입사원 교육을 위해 A ~ C 세 개의 조로 나누기로 하였다. 신입사원들을 한 조에 3명씩 배정한다고 할 때, 3개의 조로 나누는 경우의 수는?

① 1,240가지   ② 1,460가지
③ 1,680가지   ④ 1,800가지

16 K고등학교의 작년 학생 수는 1,200명이었다. 올해는 남학생이 5% 감소하고, 여학생이 7% 증가하여 작년과 학생 수가 같았다. 이때 작년 여학생 수는 몇 명인가?

① 400명   ② 500명
③ 600명   ④ 700명

17 다음은 K시 A ~ C동에 있는 벚꽃나무 수에 대한 연도별 자료이다. 빈칸에 들어갈 수치로 옳은 것은?(단, 각 수치는 매년 일정한 규칙으로 변화한다)

〈연도별 벚꽃나무 수 변화 추이〉

(단위 : 그루)

구분	A동	B동	C동
2018년	60	110	35
2019년	66	120	19
2020년	60	103	42
2021년	56	105	44
2022년	55	97	53
2023년	( )	112	50
2024년	48	116	41

① 43   ② 45
③ 48   ④ 50

※ 다음은 연령대별 일자리 규모에 대한 자료이다. 이어지는 질문에 답하시오. **[18~19]**

〈연령대별 일자리 규모〉

(단위 : 만 개)

구분	2023년			2024년		
	합계	지속일자리	신규채용일자리	합계	지속일자리	신규채용일자리
전체	2,302	1,564	738	2,321	1,587	734
19세 이하	26	3	23	25	3	22
20대	332	161	171	331	161	170
30대	545	390	155	529	381	148
40대	623	458	165	617	458	159
50대	516	374	142	531	388	143
60세 이상	260	178	82	288	196	92

18 2024년 50대와 60세 이상의 전년 대비 전체 일자리 규모 증가 수를 바르게 나열한 것은?

	50대	60세 이상
①	150,000개	170,000개
②	170,000개	170,000개
③	150,000개	280,000개
④	170,000개	280,000개

19 다음 중 자료에 대한 설명으로 옳지 않은 것은?

① 2024년 전체 일자리 규모에서 20대가 차지하는 비중은 2023년보다 약 0.1%p 감소했다.

② 2024년 전체 일자리 규모 중 30대의 전체 일자리 규모 비중은 20% 이상이다.

③ 2023년 40대의 지속일자리 규모는 신규채용일자리 규모의 2.5배 이상이다.

④ 2024년 연령대별 전체 일자리 규모는 2023년보다 모두 증가했다.

20 다음은 2024년도 귀농, 귀촌, 귀어한 인구 통계 및 성별과 연령대 비율을 나타낸 그래프이다. 이에 대한 설명으로 옳지 않은 것은?(단, 가구 수 및 인원은 소수점 이하에서 버림한다)

〈귀농어 · 귀촌인 통계〉

(단위 : 가구, 명)

구분	가구 수	귀농 · 귀촌 · 귀어인	가구원
귀농	11,961	12,055	17,856
귀촌	328,343	472,474	–
귀어	917	986	1,285

※ 가구원은 귀농인 및 귀어인에 각각 동반가구원을 합한 인원이다.

〈귀농어 · 귀촌인 전년 대비 증감률〉

(단위 : %)

구분	가구 수	귀농 · 귀촌 · 귀어인	가구원
귀농	−5.3	−5.5	−9.0
귀촌	−1.7	−5.0	–
귀어	1.2	−0.5	−5.4

〈귀농어 · 귀촌인 성별 및 연령대 비율〉

(단위 : %)

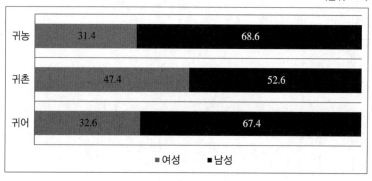

■여성 ■남성

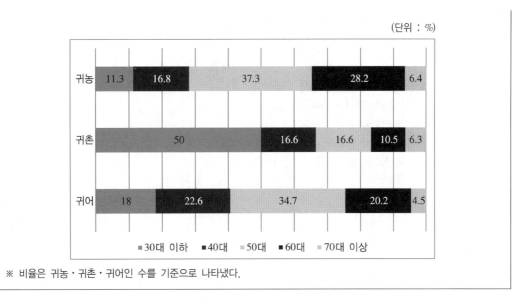

(단위 : %)

	30대 이하	40대	50대	60대	70대 이상
귀농	11.3	16.8	37.3	28.2	6.4
귀촌	50	16.6	16.6	10.5	6.3
귀어	18	22.6	34.7	20.2	4.5

※ 비율은 귀농·귀촌·귀어인 수를 기준으로 나타냈다.

① 귀농·귀촌·귀어 중 2023년 대비 2024년에 가구 수가 증가한 부문의 2023년 가구 수는 약 906가구이다.

② 전년 대비 2024년 가구 수의 감소율이 가장 높은 부문의 남성과 여성의 비율 차이는 35.2%p이다.

③ 30대 이하 귀농인 수는 60대 귀촌인 수보다 48,247명 적다.

④ 귀농·귀촌·귀어에서 연령대별 가장 낮은 비율의 총합은 17.2%p이다.

21 K초등학교의 어떤 반에서는 학생 4명(가 ~ 라)의 자리를 4개의 분단에 나누어 배정한다. 다음 〈조건〉을 참고할 때, 반드시 참인 것은?

〈조건〉

• 하나의 분단에는 한 명의 학생이 앉는다.

• 이전에 앉았던 분단에는 다시 앉지 않는다.

• 가는 1분단과 3분단에 앉은 적이 있다.

• 나는 2분단과 3분단에 앉은 적이 있다.

• 다는 2분단과 4분단에 앉은 적이 있다.

• 라는 1분단에 배정되었다.

① 가는 4분단에 배정된다.

② 다가 배정될 분단을 확실히 알 수 없다.

③ 나는 3분단에 앉을 것이다.

④ 가는 2분단에 앉을 것이다.

22 A는 서점에서 소설, 에세이, 만화, 수험서, 잡지를 구매했다. 다음 〈조건〉이 참일 때 A가 세 번째로 구매한 책은 무엇인가?

---〈조건〉---
- A는 만화와 소설보다 잡지를 먼저 구매했다.
- A는 수험서를 가장 먼저 구매하지 않았다.
- A는 에세이와 만화를 연달아 구매하지 않았다.
- A는 수험서를 구매한 다음 곧바로 에세이를 구매했다.
- A는 에세이나 소설을 마지막에 구매하지 않았다.

① 소설　　　　　　　　　　　② 만화
③ 에세이　　　　　　　　　　④ 잡지

23 신입사원인 윤지, 순영, 재철, 영민이는 영국, 프랑스, 미국, 일본으로 출장을 간다. 출장은 나라별로 한 명씩 가야 하며, 출장 기간은 서로 중복되지 않아야 한다. 다음 〈조건〉을 토대로 할 때 항상 참인 것은?

---〈조건〉---
- 윤지는 가장 먼저 출장을 가지 않는다.
- 재철이는 영국 또는 프랑스로 출장을 가야 한다.
- 영민이는 순영이보다는 먼저 출장을 가야 하고, 윤지보다는 늦게 가야 한다.
- 가장 마지막 출장지는 미국이다.
- 영국 출장과 프랑스 출장은 일정이 연달아 잡히지 않는다.

① 윤지는 프랑스로 출장을 간다.
② 재철이는 영국으로 출장을 간다.
③ 영민이는 세 번째로 출장을 간다.
④ 순영이는 두 번째로 출장을 간다.

24 K공사는 사무실 배치를 새롭게 바꾸기로 하였다. 다음 고려사항을 참고하여 배치하려고 할 때 (가로) 3,000mm×(세로) 3,400mm인 직사각형의 사무실에 가능한 가구 배치는?

〈배치 시 고려사항〉

• 사무실 문을 여닫는 데 1,000mm의 간격이 필요함
• 서랍장의 서랍(• 로 표시하며, 가로면 전체에 위치)을 열려면 400mm의 간격이 필요(회의 탁자, 책상, 캐비닛은 서랍 없음)하며, 반드시 여닫을 수 있어야 함
• 붙박이 수납장 문을 열려면 앞면 전체에 550mm의 간격이 필요하며, 반드시 여닫을 수 있어야 함
• 가구들은 쌓을 수 없음
• 각각의 가구는 사무실에 넣을 수 있는 것으로 가정함
 – 회의 탁자 : (가로) 1,500mm×(세로) 2,110mm
 – 책상 : (가로) 450mm×(세로) 450mm
 – 서랍장 : (가로) 1,100mm×(세로) 500mm
 – 캐비닛 : (가로) 1,000mm×(세로) 300mm
 – 붙박이 수납장은 벽 한 면 전체를 남김없이 차지함(깊이 650mm)

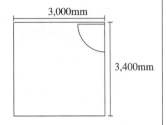

①

②

③

④

〈동물병원 접수 코드〉

• 접수 코드 부여 방식
  [접수] – [진료시간] – [품종] – [업무] 순의 7자리 수
• 접수

신규고객	기존고객	장기고객
01	02	03

• 진료시간

오전	오후	주말
11	12	13

• 품종

개	고양이	새(조류)	파충류	가축	기타
10	20	30	40	50	60

• 업무

예방접종	치료	정기검진	상담	기타
1	2	3	4	5

• 이번 달 접수 현황

0111102	0211203	0113202	0312301	0313505
0212404	0111603	0111104	0213605	0313202
0113101	0312504	0311302	0111403	0212204
0312105	0212103	0213202	0311101	0111604

25 다음과 같은 상황에서 부여되는 접수 코드는?

> 화요일 밤 10시, 처음 가는 동네에서 반려견과 함께 산책을 하던 A씨는 반려견이 가시에 찔려 발바닥에서 피가 나는 것을 보고 근처 K동물병원에 들어가 치료해 달라고 하였다.

① 0112102
② 0112105
③ 0111102
④ 0112202

26 이번 달에 의사가 사정이 생겨 주말 진료와 상담 업무를 취소하기로 하였다면, 이번 달 접수가 취소되지 않는 건수는?

① 8건 　　　　　　　　　　　② 9건
③ 10건 　　　　　　　　　　 ④ 11건

27 이번 달에 가장 많이 접수가 된 동물의 품종은?

① 개 　　　　　　　　　　　② 고양이
③ 가축 　　　　　　　　　　 ④ 기타

28 다음 중 접수 코드가 옳은 것은?

① 0111001 　　　　　　　　 ② 0214202
③ 03133033 　　　　　　　　 ④ 0112404

29 다음은 농수산물에 대한 식품수거검사에 대한 자료이다. 〈보기〉 중 옳지 않은 것을 모두 고르면?

〈식품수거검사〉

- 검사
  - 월별 정기 및 수시 수거검사
- 대상
  - 다년간 부적합 비율 및 유통점유율이 높은 품목대상
  - 신규 생산품목 및 문제식품의 신속 수거 및 검사 실시
  - 언론이나 소비자단체 등 사회문제화된 식품
  - 재래시장, 연쇄점, 소형슈퍼마켓 주변의 유통식품
  - 학교주변 어린이 기호식품류
  - 김밥, 도시락, 햄버거 등 유통식품
  - 유통 중인 농·수·축산물(엽경채류, 콩나물, 어류, 패류, 돼지고기, 닭고기 등)
- 식품종류별 주요 검사항목
  - 농산물 : 잔류농약
  - 수산물 : 총수은, 납, 항생물질, 장염비브리오 등 식중독균 오염여부
  - 축산물 : 항생물질, 합성항균제, 성장호르몬제, 대장균 O-157:H7, 리스테리아균, 살모넬라균, 클로스트리디움균
  - 식품제조·가공품 : 과산화물가, 대장균, 대장균군, 보존료, 타르색소 등
- 부적합에 따른 조치
  - 제조업체 해당 시·군에 통보(시정명령, 영업정지, 품목정지, 폐기처분 등 행정조치)
  - 식품의약안전청 홈페이지 식품긴급회수창에 위해 정보 공개
  - 부적합 유통식품 수거검사 및 폐기

〈보기〉

ㄱ. 유통 중에 있는 식품은 식품수거검사 대상에 해당되지 않는다.
ㄴ. 항생물질 함유 여부를 검사하는 항목은 축산물뿐이다.
ㄷ. 식품수거검사는 정기와 수시가 모두 진행된다.
ㄹ. 식품수거검사 결과 적발한 위해 정보는 제조업체 해당 시·군 홈페이지에서 확인할 수 있다.

---

① ㄱ, ㄷ   ② ㄴ, ㄹ

③ ㄱ, ㄴ, ㄹ   ④ ㄴ, ㄷ, ㄹ

30 직장인 G씨는 오늘 같은 부서 사람들과 함께 출장을 갈 예정이다. D대리의 대화 내용을 참고하여 자동차에 승차할 때, E부장의 자리로 가장 적절한 것은?

> D대리 : G씨, 오늘 출장 가는 거 알고 있죠? E부장님과 C대리 그리고 저랑 G씨가 출장을 갈 겁니다. 출장 전에 자동차 탑승 예절에 대해 몇 가지 알려 줄게요. 우선 자동차 양쪽 문을 모두 열 수 있을 때는 차량의 두 문을 이용하되, 상위자가 먼저 탑승하고, 하차 시에는 하위자가 먼저 내려야 합니다. 자동차 자리 배치도 중요한데, 운전자가 따로 있는 경우는 최상위자가 뒷자리 가장 우측에 승차하며, 승용차 주인이 직접 운전할 경우에는 최상위자가 앞자리 우측에 승차해야 합니다. 오늘 우리는 출장에 법인차량을 이용할 예정이고 운전기사님이 따로 계시다고 하네요.

(앞)	(가)	(나)	(뒤)
	운전기사	(다)	
		(라)	

① (가)

② (나)

③ (다)

④ (라)

31 다음 〈보기〉의 대화 내용에서 조직의 자원관리에 대해 잘못 설명하고 있는 사람을 모두 고르면?

───────〈보기〉───────

최과장 : 본사 로비에서 각 사무실까지의 동선을 줄이는 것도 자원관리에 포함되는 부분입니다.
임사원 : 물류창고의 물품들을 체계적으로 분류하는 것 역시 인적자원관리에 해당합니다.
박대리 : 직원들의 복지 확대는 재정 지출을 수반하므로 자원관리에 부정적인 영향을 미칩니다.
김주임 : 내년도 예산안을 합리적 기준에서 증액하는 것도 자원관리 방안 중 하나입니다.

① 최과장, 임사원

② 최과장, 박대리

③ 임사원, 박대리

④ 임사원, 김주임

32 A사원은 3박 4일 동안 대전으로 출장을 다녀오려고 한다. 출장 경비에 대한 정보가 다음과 같을 때 A사원의 출장 경비 총액으로 옳은 것은?(단, A사원의 출장 세부내역 이외의 지출은 없다고 가정한다)

〈출장 경비〉

- 출장일부터 귀가할 때까지 소요되는 모든 교통비, 식비, 숙박비를 합산한 비용을 출장 경비로 지급한다.
- 교통비(서울 → 대전 / 대전 → 서울)

교통수단	기차	비행기	버스
비용(편도)	39,500원	43,250원	38,150원

※ 서울 및 대전 내에서의 시내이동에 소요되는 비용은 출장경비로 인정하지 않는다.
- 식비

식당	P식당	S식당	Y식당
식비(끼니당)	8,500원	8,700원	9,100원

- 숙박비

숙소	가	나	다
숙박비(1박)	75,200원	81,100원	67,000원
비고	연박 시 1박당 5% 할인	연박 시 1박당 10% 할인	−

〈A사원의 출장 세부내역〉

- A사원은 대전행은 기차를, 서울행은 버스를 이용하였다.
- A사원은 2일간 P식당을, 나머지 기간은 Y식당을 이용하였으며 출장을 시작한 날부터 마지막 날까지 하루 3끼를 먹었다.
- A사원은 출장기간 동안 숙소는 할인을 포함하여 가장 저렴한 숙소를 이용하였다.

① 359,100원 ② 374,620원
③ 384,250원 ④ 396,500원

33 K공사는 현재 신입사원을 채용하고 있다. 서류전형과 면접전형을 마치고 다음의 평가 결과를 얻었다. 평가 지표별 가중치를 이용하여 각 지원자의 최종 점수를 계산하고, 점수가 가장 높은 두 지원자를 채용하려고 할 때, 채용할 두 지원자는?

〈지원자별 평가 결과〉

(단위 : 점)

구분	면접 점수	영어 실력	팀내 친화력	직무 적합도	발전 가능성	비고
A지원자	3	3	5	4	4	군필자
B지원자	5	5	2	3	4	군필자
C지원자	5	3	3	3	5	–
D지원자	4	3	3	5	4	군필자
E지원자	4	4	2	5	5	군 면제자

※ 군필자(만기제대)에게는 5점의 가산점을 부여한다.

〈평가지표별 가중치〉

구분	면접 점수	영어 실력	팀내 친화력	직무 적합도	발전 가능성
가중치	3	3	5	4	5

※ 가중치는 해당 평가지표 결과 점수에 곱한다.

① A, D지원자   ② B, C지원자

③ B, E지원자   ④ C, D지원자

34 다음 중 빈칸 ㉠ ~ ㉢에 들어갈 말이 순서대로 바르게 연결된 것은?

> 배치의 유형에는 3가지가 있다. 먼저 양적 배치는 작업량과 조업도, 여유 또는 부족 인원을 감안하여 소요인원을 결정하여 배치하는 것을 말한다. 반면, 질적 배치는 효과적인 인력배치의 3가지 원칙 중 ___㉠___ 에 따른 배치를 말하며, ___㉡___ 배치는 팀원의 ___㉢___ 및 흥미에 따라 배치하는 것을 말한다.

	㉠	㉡	㉢
①	균형	적성	능력
②	적재적소	균형	능력
③	적재적소	적성	적성
④	능력	적성	적성

35 K놀이공원은 수능을 마친 수능생과 그 가족들을 대상으로 수능 이벤트를 진행 중이다. K놀이공원의 자유이용권 금액과 이벤트 내용이 다음과 같을 때, 자유이용권 금액을 바르게 계산한 것은?

<K놀이공원 자유이용권 금액>

구분		정상가
1일권(놀이공원 오픈 시부터)	어른	46,000원
	청소년	40,000원
	어린이	36,000원
야간권(오후 4시 이후부터)	어른	37,000원
	청소년	32,000원
	어린이	28,000원

※ 청소년(만 13 ~ 18세), 어린이(36개월 ~ 만 12세)
※ 36개월 미만은 무료 이용

<K놀이공원 수능 이벤트>

수능생은 15,000원을, 수능생을 동반한 가족의 경우 1인당 12,000원을 할인받으실 수 있습니다.
※ 수능생임을 확인하기 위해 반드시 수험표를 지참하여야 합니다.

① 1일권 구매를 원하는 수능생 A와 22살인 친누나 B → 56,000원
② 야간권 구매를 원하는 수능생 C와 그의 친구 수능생 D → 32,000원
③ 1일권 구매를 원하는 수능생 E와 그의 부모님 F와 G → 91,000원
④ 야간권 구매를 원하는 수능생 H와 각각 12살, 10살인 친동생 I와 J → 49,000원

36 다음은 4분기 성과급 지급 기준이다. 부서원 A~E에 대한 성과평가를 토대로 할 때 성과급을 가장 많이 받는 직원 2명은?

<성과급 지급 기준>

- 성과급은 성과평가에 따라 다음 기준으로 지급한다.

등급	A	B	C	D
성과급	200만 원	170만 원	120만 원	100만 원

- 성과평가등급은 성과점수에 따라 다음과 같이 산정한다.

성과점수	90점 이상 100점 이하	80점 이상 90점 미만	70점 이상 80점 미만	70점 미만
등급	A	B	C	D

- 성과점수는 개인실적점수, 동료평가점수, 책임점수, 가점 및 벌점을 합산하여 산정한다.
  - 개인실적점수, 동료평가점수, 책임점수는 각각 100점 만점으로 산정한다.
  - 세부 점수별 가중치는 개인실적점수 40%, 동료평가점수 30%, 책임점수 30%이다.
  - 가점 및 벌점은 개인실적점수, 동료평가점수, 책임점수에 가중치를 적용하여 합산한 값에 합산한다.
- 가점 및 벌점 부여기준
  - 분기 내 수상내역 1회, 신규획득 자격증 1개당 가점 2점 부여
  - 분기 내 징계내역 1회당 다음에 따른 벌점 부여

징계	경고	감봉	정직
벌점	1점	3점	5점

<부서원 성과평가>

직원	개인실적점수	동료평가점수	책임점수	비고
A	85	70	80	수상 2회(4분기), 경고 2회(3분기)
B	80	80	70	경고 1회(4분기)
C	75	85	80	자격증 1개(4분기)
D	70	70	90	정직 1회(4분기)
E	80	65	75	경고 1회(3분기)

① A, C
② A, E
③ B, C
④ B, D

37 시간관리의 중요성에 대한 사내 교육을 받은 A사원은 일일 업무에 대한 시간계획을 세워보기로 결심했다. 다음 중 A사원이 시간계획을 하는 데 있어서 주의해야 할 사항으로 적절하지 않은 것은?

① 야근을 해도 끝내지 못한 일은 나의 능력 밖의 일이므로 어쩔 수 없이 다른 사람에게 부탁하는 것이 좋겠어.

② 부득이한 일이 생겨 계획에서 놓친 시간은 야근을 해서라도 미루지 않고 당일에 즉시 메우는 것이 좋겠어.

③ 당일에 예정된 행동은 모두 계획에 포함시키고, 작성한 시간계획은 정기적·체계적으로 체크해서 일을 일관성 있게 마칠 수 있도록 해야겠어.

④ 시간계획의 기본 원리에 따라 하루의 60%는 계획된 행동으로 구성하고, 나머지 40%는 계획 외의 행동과 자발적 행동으로 각각 20%씩 구성해야겠어.

38 A씨는 정원이 12명이고 개인 회비가 1인당 20,000원인 모임의 총무이다. 정기 모임을 카페에서 열기로 했는데 음료를 1잔씩 주문하고 음료와 곁들일 음식도 2인당 1개씩 시킬 예정이다. 다음 〈조건〉에 따라 가장 저렴하게 먹을 수 있는 방법으로 메뉴를 주문한 후 잔액은 얼마인가?(단, 2명은 커피를 마시지 못한다)

COFFEE		NON–COFFEE		FOOD	
아메리카노	3,500원	그린티라테	4,500원	베이글	3,500원
카페라테	4,100원	밀크티라테	4,800원	치즈케이크	4,500원
카푸치노	4,300원	초코라테	5,300원	초코케이크	4,700원
카페모카	4,300원	곡물라테	5,500원	티라미수	5,500원

〈조건〉

• 10잔 이상의 음료 또는 음식을 구매하면 음료 2잔은 무료로 제공된다(단, 4,500원 이하).
• 음료 한 잔과 음식 한 개로 구성된 세트 메뉴를 구매하면 해당 메뉴 금액의 10%가 할인된다.

① 175,000원

② 178,500원

③ 180,500원

④ 188,200원

39 청원경찰은 6층 회사건물을 층마다 모두 순찰한 후에 퇴근한다. 다음 〈조건〉에 따라 1층에서 출발하여 순찰을 완료하고 1층으로 돌아오기까지 소요되는 최소 시간은?(단, 그 외의 다른 요인은 고려하지 않는다)

---〈조건〉---

- 층간 이동은 엘리베이터로만 해야 하며 엘리베이터가 한 개 층을 이동하는 데는 1분이 소요된다.
- 엘리베이터는 한 번에 최대 세 개 층(예 1층 → 4층)을 이동할 수 있다.
- 엘리베이터는 한 번 위로 올라갔으면, 그 다음에는 아래 방향으로 내려오고, 그 다음에는 다시 위 방향으로 올라가야 한다.
- 하나의 층을 순찰하는 데는 10분이 소요된다.

① 1시간   ② 1시간 10분
③ 1시간 16분   ④ 1시간 22분

40 대학교 입학을 위해 지방에서 올라온 대학생 S씨는 자취방을 구하려고 한다. 대학교 근처 자취방의 월세와 대학교까지의 거리는 다음과 같다. 한 달을 기준으로 S씨가 지출하게 될 자취방 월세와 자취방에서 대학교까지 왕복 시 거리비용을 합산할 때, S씨가 선택할 수 있는 가장 저렴한 비용의 자취방은?

〈자취방별 월세 및 거리 정보〉

구분	월세	대학교까지의 거리
A자취방	330,000원	1.8km
B자취방	310,000원	2.3km
C자취방	350,000원	1.3km
D자취방	320,000원	1.6km

※ 대학교 통학일(한 달 기준) : 15일
※ 거리비용 : 1km당 2,000원

① A자취방   ② B자취방
③ C자취방   ④ D자취방

41 다음 〈보기〉의 대화 내용 중 집단 간 관계에 대해 바르게 설명한 직원을 모두 고르면?

─────〈보기〉─────

A대리 : 영업팀 간 경쟁이 치열해지고 있네요. 이런 집단 간 경쟁은 주로 조직 내 한정된 자원을 더 많이 가져가려고 해서 발생하는 것 같아요.

B차장 : 맞아. 조직 내 집단들이 서로 상반되는 목표를 추구할 때 경쟁이 발생하기도 하지.

C주임 : 그런데 오히려 영업팀들이 내부적으로는 더 결속되는 것 같아요. 역시 경쟁은 치열할수록 조직에 이로운 것 같습니다.

D주임 : 그래도 너무 치열해지면 오히려 조직 전반에 비능률을 초래해.

① A대리, B차장   ② C주임, D주임
③ A대리, B차장, C주임   ④ A대리, B차장, D주임

42 다음 중 직원들의 국제동향 파악 장려를 위한 회사 차원의 대안으로 적절하지 않은 것은?

① 업무 관련 주요 용어의 외국어 자료집을 만들어 배포한다.
② 매일 신문의 국제면을 스크랩하여 사내 포털에 공유한다.
③ 업무 관련 분야의 국제학술대회에 참석할 수 있도록 공가를 제공한다.
④ 주기적으로 산업자원부, 상공회의소 등의 기관 사이트를 방문하여 국내동향을 확인한다.

43 마이클 포터의 본원적 경쟁전략 중 다음 사례에 나타나는 P사의 전략으로 옳은 것은?

P사는 500만 달러라는 낮은 가격에 매수하여 후에 75억 달러에 판매되는 대형 회사가 되었다. 초기에 P사는 그래픽 기술을 보유하고 있는 애니메이션 회사였다. 하지만 창의적인 스토리와 캐릭터로 애니메이션 영화를 성공시켰고, D사보다 더 신뢰받는 회사가 되었다. P사는 D사의 공주와 왕자가 만나 행복하게 살게 되는 스토리와는 다르게 만들고 싶었고, 새롭고 다양한 스토리의 애니메이션으로 고객에게 감동과 재미를 모두 주면서 성공시켰다. 오랜 시간의 적자에도 끊임없는 창의적인 발상으로 P사는 고객에게 신뢰를 형성하게 되었고 대기업으로 발전하는 결정적 계기가 되었다.

① 윈윈 전략   ② 관리 전략
③ 원가우위 전략   ④ 차별화 전략

44 다음은 K공사의 해외시장 진출 및 지원 확대를 위한 전략과제의 필요성을 제시한 자료이다. 이를 통해 도출된 과제의 추진방향으로 적절하지 않은 것은?

> **〈전략과제 필요성〉**
>
> • 해외시장에서 기관이 수주할 수 있는 산업 발굴
> • 국제사업 수행을 통한 경험축적 및 컨소시엄을 통한 기술·노하우 습득
> • 해당 산업 관련 민간기업의 해외진출 활성화를 위한 실질적 지원

① 국제기관의 다양한 자금을 활용하여 사업을 발굴하고, 해당 사업의 해외진출을 위한 기술역량을 강화한다.

② 해외봉사활동 등과 연계하여 기관 이미지 제고 및 사업에 대한 사전조사, 시장조사를 통한 선제적 마케팅 활동을 추진한다.

③ 국제경쟁입찰의 과열 경쟁 심화와 컨소시엄 구성 시 민간기업과 업무배분, 이윤추구성향 조율에 어려움이 예상된다.

④ 해당 산업 민간(중소)기업을 대상으로 입찰 정보제공, 사업전략 상담, 동반 진출 등을 통한 실질적 지원을 확대한다.

45 다음 중 조직변화의 유형에 대한 설명으로 가장 적절한 것은?

① 조직변화는 제품 및 서비스, 전략과 구조, 기술, 문화 등에서 이루어질 수 있다.

② 고객을 늘리거나 새로운 시장을 확대하기 위해 새로운 기술을 도입한다.

③ 조직의 목적을 달성하고 효율성을 높이기 위해 제품 및 서비스를 변화한다.

④ 신기술이 발명되었을 때나 생산성을 높이기 위해 전략과 구조를 개선시킨다.

46 K기업의 상황을 고려할 때, 다음 중 경영활동과 활동의 사례가 바르게 연결되지 않은 것은?

〈상황〉

- K기업은 국내 자동차 제조업체이다.
- K기업은 최근 인도네시아의 자동차 판매업체와 계약을 하여, 내년부터 인도네시아로 차량을 수출할 계획이다.
- K기업은 중국의 자동차 부품 제조업체와 협력하고 있는데, 최근 중국 내 전염병 확산으로 현지 업체들의 가동률이 급락하였다.
- K기업이 최근 내부 설문조사를 실시한 결과 사내 유연근무제 도입을 희망하는 직원의 비율은 72%, 희망하지 않는 직원의 비율은 20%, 무응답이 8%였다.
- K기업의 1분기 생산라인 피드백 결과 엔진 조립 공정에서 진행속도를 20% 개선할 경우, 생산성이 12% 증가하는 것으로 나타났다.

	경영활동	사례
①	외부경영활동	인도네시아 시장의 자동차 구매성향 파악
②	내부경영활동	국내 자동차 부품 제조업체와의 협력안 검토
③	내부경영활동	인도네시아 현지 자동차 법규 및 제도 조사
④	내부경영활동	엔진 조립 공정 개선을 위한 공정 기술 연구개발

47 다음 〈보기〉 중 팀제에 대한 설명으로 옳지 않은 것을 모두 고르면?

〈보기〉

ㄱ. 팀제의 필요성이 높아지는 것은 현대사회 환경의 변동성 급증이 주요 원인이다.
ㄴ. 동일한 인력이어도 개인단위로 직무를 수행하는 것보다 팀제로 직무를 수행하는 경우에 성과가 더 우수하다.
ㄷ. 팀원들에게 개인성과에 대한 보상뿐만 아니라 팀 차원의 성과에 대한 보상을 제공하는 것이 팀의 조직적 운용에 더욱 효과적이다.

① ㄱ   ② ㄴ
③ ㄱ, ㄷ   ④ ㄴ, ㄷ

48 A팀장은 급하게 해외 출장을 떠나면서 B대리에게 다음과 같은 메모를 남겨두었다. B대리가 가장 먼저 처리해야 할 일로 옳은 것은?

B대리, 지금 급하게 해외 출장을 가야 해서 오늘 처리해야 하는 것들 메모 남겨요. 오후 2시에 거래처와 미팅 있는 거 알고 있죠? 오전 내로 거래처에 전화해서 다음 주 중으로 다시 미팅날짜 잡아줘요. 그리고 오늘 신입사원들과 점심 식사하기로 한 거 난 참석하지 못하니까 다른 직원들이 참석해서 신입사원들 고충도 좀 들어주고 해요. 식당은 지난번 갔었던 한정식집이 좋겠네요. 점심시간에 많이 붐비니까 오전 10시까지 예약전화하는 것도 잊지 말아요. 식비는 법인카드로 처리하도록 하고. 오후 5시에 진행할 회의 PPT는 거의 다 준비되었다고 알고 있는데 바로 나한테 메일로 보내줘요. 확인하고 피드백 할게요. 아, 그 전에 내가 중요한 자료를 안 가지고 왔어요. 그것부터 메일로 보내줘요. 고마워요.

① 거래처에 미팅일자 변경 전화를 한다.
② 점심 예약전화를 한다.
③ 회의 자료를 준비한다.
④ 메일로 A팀장이 요청한 자료를 보낸다.

49 다음은 K회사의 직무전결표의 일부분이다. 이에 따라 문서를 처리한 내용으로 옳지 않은 것은?

직무 내용	대표이사	위임 전결권자		
		전무	이사	부서장
정기 월례 보고				○
각 부서장급 인수인계		○		
3천만 원 초과 예산 집행	○			
3천만 원 이하 예산 집행		○		
각종 위원회 위원 위촉	○			
해외 출장			○	

① 인사부장의 인수인계에 관하여 전무에게 결재받은 후 시행하였다.
② 인사징계위원회 위원을 위촉하기 위하여 대표이사 부재중에 전무가 전결하였다.
③ 영업팀장의 해외 출장을 위하여 이사에게 사인을 받았다.
④ 3천만 원에 해당하는 물품 구매를 위하여 전무 전결로 처리하였다.

50 다음은 조직문화의 유형에 대한 자료이다. 〈보기〉의 설명 중 옳지 않은 것을 모두 고르면?

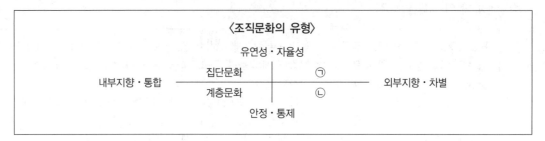

〈조직문화의 유형〉

유연성 · 자율성

내부지향 · 통합 ─── 집단문화 │ ㉠ ─── 외부지향 · 차별
계층문화 │ ㉡

안정 · 통제

─〈보기〉─

ㄱ. ㉠에 들어갈 조직문화의 유형으로 적절한 것은 보수문화이다.
ㄴ. ㉡에 들어갈 조직문화의 유형으로 적절한 것은 합리문화이다.
ㄷ. 합리문화는 집단문화에 비해 조직구성원 간 단결을 더 강조한다.
ㄹ. 개인주의 성향은 계층문화보다 합리문화에서 더욱 강조된다.

① ㄱ, ㄴ   ② ㄱ, ㄷ
③ ㄴ, ㄷ   ④ ㄴ, ㄹ

3일 차
기출응용 모의고사

〈문항 및 시험시간〉

영역	문항 수	시험시간	모바일 OMR 답안채점 / 성적분석 서비스
의사소통능력+수리능력+문제해결능력 +자원관리능력+조직이해능력	50문항	50분	

3일 차 기출응용 모의고사

| 문항 수 : 50문항 |
| 시험시간 : 50분 |

01 다음 글의 내용으로 적절하지 않은 것은?

> 일그러진 달항아리와 휘어진 대들보. 물론 달항아리와 대들보가 언제나 그랬던 것은 아니다. 사실 일그러지지 않은 달항아리와 휘어지지 않은 대들보가 더 많았을 것이다. 하지만 주목해야 할 것은 한국인들은 달항아리가 일그러졌다고 해서 깨뜨려 버리거나, 대들보가 구부러졌다고 해서 고쳐서 쓰거나 하지는 않았다는 것이다. 나아가 그들은 살짝 일그러진 달항아리나 그럴싸하게 휘어진 대들보, 입술이 약간 휘어져 삐뚜름 능청거리는 사발이 오히려 멋있다는 생각을 했던 것 같다. 일그러진 달항아리와 휘어진 대들보에서 '형(形)의 어눌함'과 함께 '상(象)의 세련됨'을 볼 수 있다. 즉, '상의 세련됨'을 머금은 '형의 어눌함'을 발견하게 된다. 대체로 평균치를 넘어서는 우아함을 갖춘 상은 어느 정도 형의 어눌함을 수반한다. 이런 형상을 가리켜 아졸하거나 고졸하다고 하는데, 한국 문화는 이렇게 상의 세련됨과 형의 어눌함이 어우러진 아졸함이나 고졸함의 형상으로 넘쳐난다. 분청이나 철화, 달항아리 같은 도자기 역시 예상과는 달리 균제적이거나 대칭적이지 않은 경우가 많다. 이와 같은 비균제성이나 비대칭성은 무의식(無意識)의 산물이 아니라 '형의 어눌함을 수반하는 상의 세련됨'을 추구하는 미의식(美意識)의 산물이다. 이러한 미의식은 하늘과 땅, 인간을 하나의 커다란 유기체로 파악하는 우리 민족이 자신의 삶을 통해 천지인의 조화를 이룩하기 위해 의식적으로 노력한 결과이다.

① 달항아리는 일그러진 모습, 대들보는 휘어진 모습이 멋스럽게 여겨졌다.
② 한국인들은 곧은 대들보와 완벽한 모양의 달항아리를 좋아하지 않았다.
③ 상(象)의 세련됨은 형(形)의 어눌함에서도 발견할 수 있다.
④ 분청, 철화, 달항아리 같은 도자기에서는 비대칭적인 요소가 종종 발견된다.

02 다음 중 띄어쓰기가 옳은 것은?

① 이 가방은 저희 매장에 하나 밖에 남지 않은 마지막 상품입니다.

② 이번 휴가에는 올해 열살이 된 조카와 놀이공원에 가려고 한다.

③ 실제로 본 백두산의 모습은 사진에서 본 바와 같이 아름다웠다.

④ 화가 머리끝까지 차오른 주인은 손님을 쫓아내버렸다.

03 K공단은 전 직원에게 자기계발 교육비용을 일부 지원하기로 하였다. 총무인사팀 A ~ E 5명의 직원이 다음과 같이 교육프로그램을 신청하였을 때, K공단에서 총무인사팀 직원들에게 지원해야 하는 총교육비는 얼마인가?

〈자기계발 교육비용 및 지원 금액〉

구분	영어회화	컴퓨터 활용능력	세무회계
수강료	70,000원	50,000원	60,000원
지원 금액 비율	50%	40%	80%

〈신청한 교육프로그램〉

구분	영어회화	컴퓨터 활용능력	세무회계
A	○		○
B	○	○	○
C		○	○
D	○		
E		○	

① 307,000원   ② 308,000원

③ 309,000원   ④ 310,000원

04 8층 건물의 엘리베이터는 2층을 제외한 모든 층에서 타고 내릴 수 있다. 1층에서 출발한 엘리베이터 안에는 철수, 만수, 태영, 영수, 희수, 다희 6명이 타고 있으며, 각자 다른 층에서 내린다. 다희는 철수보다는 한 층 늦게 내렸지만 영수보다는 한 층 빨리 내렸다. 희수는 만수보다 한 층 더 가서 내렸고 영수보다는 3층 전에 내렸다. 영수가 마지막에 내린 것이 아닐 때, 홀수 층에서 내린 사람은?

① 영수   ② 태영
③ 다희   ④ 희수

05 다음 글과 가장 관련 있는 한자성어는?

> 패스트푸드점 매장에서 새벽에 종업원을 폭행한 여성이 경찰에 붙잡혔다. 부산의 한 경찰서는 폭행 혐의로 30대 A씨를 현행범으로 체포해 조사 중이라고 밝혔다. 경찰에 따르면 A씨는 새벽 3시 반쯤 부산의 한 패스트 푸드점 매장에서 술에 취해 "내가 2층에 있는데 왜 부르지 않았냐."라며 여성 종업원을 수차례 밀치고 뺨을 7~8차례 때리는 등 폭행한 혐의를 받고 있다. 보다 못한 매장 매니저가 경찰에 신고해 A씨는 현행범으로 체포되었다. A씨는 "기분이 나빠서 때렸다."라고 진술한 것으로 알려졌다. 경찰은 A씨를 상대로 폭행 경위를 조사한 뒤 신병을 처리할 예정이다. 지난해 11월 울산의 다른 패스트푸드점 매장에서도 손님이 햄버거를 직원에게 던지는 등 손님의 갑질 행태가 끊이지 않고 있다.

① 견마지심(犬馬之心)   ② 빙청옥결(氷淸玉潔)
③ 소탐대실(小貪大失)   ④ 방약무인(傍若無人)

06 K공사는 역량평가를 통해 등급을 구분하여 성과급을 지급한다. K공사의 성과급 등급 기준이 다음과 같을 때, 〈보기〉의 A ~ D직원 중 S등급에 해당하는 사람은 누구인가?

〈성과급 점수별 등급〉

S등급	A등급	B등급	C등급
90점 이상	80점 이상	70점 이상	70점 미만

〈역량평가 반영 비율〉

구분	기본역량	리더역량	직무역량
차장	20%	30%	50%
과장	30%	10%	60%
대리	50%	–	50%
사원	60%	–	40%

※ 성과급 점수는 역량 점수(기본역량, 리더역량, 직무역량)에 직급별 해당 역량평가 반영 비율을 적용한 합산 점수이다.

〈보기〉

구분	직급	기본역량 점수	리더역량 점수	직무역량 점수
A	대리	85점	–	90점
B	과장	100점	85점	80점
C	사원	95점	–	85점
D	차장	80점	90점	85점

① A대리

② B과장

③ C사원

④ D차장

07 유기농 식품 회사에 근무하는 A씨에게 어느 고객이 신제품에 대한 문의를 해왔다. 다음 설명서를 참고하여 고객에게 반드시 안내해야 할 내용은 무엇인가?

- 제품명 : 그린너트 마카다미아넛츠
- 식품의 유형 : 땅콩 또는 견과류 가공품
- 내용량 : 25g
- 원재료명 및 함량 : 구운 아몬드[아몬드(미국) 100% 함량] 50%, 호두(수입산) 20%, 마카다미아(호주) 15%, 건크랜베리(미국) 15%(크랜베리 55%, 설탕 44%, 해바라기유 1% 함량)
- 보관 및 취급사항 : 직사광선을 피하고, 건조하고 서늘한 곳에 보관하십시오. 남은 제품을 보관하실 경우 밀폐용기에 넣어 냉장 보관해 주십시오.
- 본 제품은 대두, 밀, 메밀, 우유를 사용한 제품과 같은 제조시설에서 포장하였습니다.
- 본 제품은 공정거래위원회 고시 소비분쟁해결 기준에 의거 교환 또는 보상받을 수 있습니다.
- 부정·불량식품 신고는 국번 없이 1399

---

① 합성첨가물은 사용되지 않았지만 원재료 그대로가 아닌 가공된 제품입니다.
② 보관하실 때는 햇빛과 습기를 피하십시오.
③ 고객의 단순 변심은 교환 또는 보상의 조건이 되지 않습니다.
④ 같은 제조시설에서 포장된 것에 어떤 재료들이 쓰였는지 꼭 확인하시기 바랍니다.

08 다음 중 조직문화에 대한 설명으로 적절하지 않은 것은?

① 조직체의 구성원들이 공유하는 가치관과 신념, 이데올로기와 관습, 규범과 전통 및 지식과 기술 등을 모두 포함한 종합적인 개념이다.
② 조직문화는 구성원들에게 일체감과 정체성을 부여하며 외부 환경이 변했을 때 조직구성원의 결속력을 강화해 주는 역할을 한다.
③ 조직문화는 구성원들의 행동지침으로서 구성원의 사고방식과 행동양식을 규정하여, 구성원들은 조직에서 해오던 방식대로 업무를 처리하지 않게 된다.
④ 강한 조직문화는 다양한 조직구성원들의 의견을 받아들일 수 없거나 조직이 변화해야 할 시기에 장애요인으로 작용하기도 한다.

09 다음 문단을 논리적 순서대로 바르게 나열한 것은?

(가) 어떤 모델이든지 상품의 특성에 적합한 이미지를 갖는 인물이어야 광고 효과가 제대로 나타날 수 있다. 예를 들어, 자동차, 카메라, 치약과 같은 상품의 경우에는 자체의 성능이나 효능이 중요하므로 대체로 전문성과 신뢰성을 갖춘 모델이 적합하다. 이와 달리 상품이 주는 감성적인 느낌이 중요한 보석, 초콜릿, 여행 등과 같은 상품은 매력과 친근함이 있는 모델이 잘 어울린다. 그런데 유명인이 그들의 이미지에 상관없이 여러 유형의 상품 광고에 출연하면 모델의 이미지와 상품의 특성이 어울리지 않는 경우가 많아 광고 효과가 나타나지 않을 수 있다.

(나) 광고에서 소비자의 눈길을 확실하게 사로잡을 수 있는 요소는 유명인 모델이다. 일부 유명인들은 여러 상품 광고에 중복하여 출연하고 있는데, 이는 광고계에서 관행이 되어 있고, 소비자들도 이를 당연하게 여기고 있다. 그러나 유명인의 중복 출연이 과연 높은 광고 효과를 보장할 수 있을까? 유명인이 중복 출연하는 광고의 효과를 점검해 볼 필요가 있다.

(다) 유명인의 중복 출연이 소비자가 모델을 상품과 연결시켜 기억하기 어렵게 한다는 점도 광고 효과에 부정적인 영향을 미친다. 유명인의 이미지가 여러 상품으로 분산되면 광고 모델과 상품 간의 결합력이 약해질 것이다. 이는 유명인 광고 모델의 긍정적인 이미지를 광고 상품에 전이하여 얻을 수 있는 광고 효과를 기대하기 어렵게 만든다.

(라) 유명인 모델의 광고 효과를 높이기 위해서는 유명인이 자신과 잘 어울리는 한 상품의 광고에만 지속적으로 나오는 것이 좋다. 이렇게 할 경우 상품의 인지도가 높아지고, 상품을 기억하기 쉬워지며, 광고 메시지에 대한 신뢰도가 제고된다. 유명인의 유명세가 상품에 전이되고 소비자는 유명인이 진실하다고 믿게 되기 때문이다.

① (가) – (나) – (라) – (다)
② (가) – (라) – (나) – (다)
③ (나) – (가) – (다) – (라)
④ (나) – (다) – (가) – (라)

10 다음은 K공사 영업부에서 근무하는 S사원의 일일업무일지이다. 업무일지의 내용 중 영업부의 주요 업무로 적절하지 않은 것은 모두 몇 가지인가?

〈S사원의 일일업무일지〉			
부서명	영업부	작성일자	2025년 1월 20일
작성자	S		
금일 업무 내용		명일 업무 내용	
• 시장 조사 계획 수립		• 신규 거래처 견적 작성 및 제출	
• 시장 조사 진행(출장)		• 전사 소모품 관리	
• 신규 거래처 개척		• 발주서 작성 및 발주	
• 판매 방침 및 계획 회의		• 사원 급여 정산	
• 전사 공채 진행		• 매입마감	

① 2가지   ② 3가지

③ 4가지   ④ 5가지

11 철수는 다음 그림과 같은 사각뿔에 물을 채우고자 한다. 사각뿔에 가득 채워지는 물의 부피는?

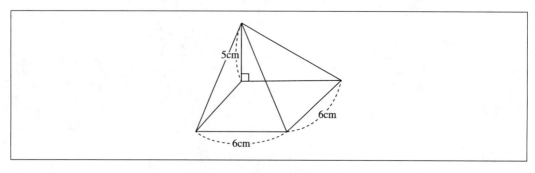

① 60cm^3 ② 80cm^3

③ 100cm^3 ④ 120cm^3

12 K부장은 창고관리 실태를 파악하기 위하여 불시점검을 실시하였다. 일부 물품은 훼손되어 있었고, 품목대장과 일치하지 않는 물품이 있거나, 있어야 할 물품이 없는 등 창고관리가 미흡하였다. K부장은 큰 실망을 하였으나, 단순히 관리직원들에게 꾸지람을 하는 것보다 근본적인 원인을 파악하여 앞으로 이와 같은 일이 재발하지 않도록 관리직원들과 함께 의논을 하기로 하였다. 다음 대화를 토대로 K부장이 정리한 조치사항으로 적절하지 않은 것은?

> K부장 : 반갑습니다. 여러분의 노고 덕분에 원활하게 회사가 운영되고 있습니다. 그러나 이번 창고점검 결과를 보았을 때 많이 실망스러웠습니다. 이러한 결과가 있기까지 여러분들에게도 고충이 있었을 것이라 생각합니다. 이 자리에서 허심탄회하게 이야기하고 문제점을 해결할 수 있는 방안을 마련하였으면 합니다.
>
> A사원 : 본사에서 구매한 물품은 창고에서 관리됩니다. 그런데 사전에 통보받지 못한 물품이 올 때가 있습니다. 그럴 경우 보관 장소를 확보하지 못해 임시장소에 보관하게 되는데, 이 과정에서 일부 훼손되는 경우가 발생합니다.
>
> B사원 : 구매한 물품의 사용 용도가 뚜렷하지 않은 것이 있습니다. 구매한 부서에 확인요청을 해도 묵묵부답이거나 더 보관해 달라고 하는데, 그렇게 장기간 보관되는 물품으로 인해 창고관리에 어려움이 있습니다.
>
> C사원 : 사용한 물품을 반납할 때에도 제자리에 두지 않는 경우가 많습니다. 또한, 반납 시에 알려주지 않아 대장관리에도 어려움이 많습니다. 언제까지나 항상 재고위치 확인만을 하고 있을 수는 없기 때문입니다.
>
> D사원 : 물품을 사용하면서 훼손했을 때 적절한 조치를 취하지 않고 반납하는 경우가 많습니다. 추후 정말 필요할 때 사용하지 못하게 되는 일이 있을 수 있는데 말이죠. 저희가 일일이 다 확인하기에는 어려움이 있습니다.
>
> K부장 : 네, 여러분들의 의견을 잘 들었습니다. 이러한 문제가 재발하지 않도록 조치사항에 대해 정리해 보겠습니다.

① 구매 예정인 물품에 대해서 미리 공유하도록 한다.
② 물품을 사용한 후 반납할 때 창고관리자에게 보고하도록 한다.
③ 대여한 물품이 훼손될 경우 수리 또는 재구매를 진행한다.
④ 물품의 특성에 따라 분류·보관할 수 있도록 창고를 보완한다.

13 다음과 같은 일정한 규칙으로 수를 나열할 때 빈칸에 들어갈 수로 옳은 것은?

		1	8	22	50	106	218	( )	

① 430
③ 442

② 436
④ 448

14 프로농구 결승전에서 A, B 두 팀이 시합을 했다. 2쿼터까지 A팀은 B팀보다 7점을 더 얻었고, 3쿼터와 4쿼터에 A팀은 B팀이 얻은 점수의 $\dfrac{3}{5}$ 을 얻어 75 : 78로 B팀이 이겼다. A팀이 3쿼터, 4쿼터에 얻은 점수는?

① 15점
③ 25점

② 20점
④ 30점

15 K회사 인사총무팀에 근무하는 T사원은 다음과 같은 업무 리스트를 작성한 뒤 우선순위에 맞게 재배열하려고 한다. 업무 리스트를 보고 T사원이 한 생각으로 적절하지 않은 것은?

〈2025년 1월 10일 인사총무팀 사원 T의 업무 리스트〉

- 인사총무팀 회식(1월 17일) 장소 예약 확인
- 회사 창립 기념일(1월 20일) 행사 준비
- 경영1팀 비품 주문 [월요일에 배송될 수 있도록 오늘 내 반드시 발주할 것]
- 이번 주 토요일(1월 11일) 당직 근무자 명단 확인 [업무 공백 생기지 않도록 주의]
- 1월 13일자 신입사원 면접 날짜 유선 안내 및 면접 가능 여부 확인

① 내일 당직 근무자 명단 확인을 가장 먼저 해야겠다.
② 경영1팀 비품 주문 후 회식 장소 예약을 확인해야겠다.
③ 신입사원 면접 안내는 여러 변수가 발생할 수 있으니 서둘러 준비해야겠다.
④ 회사 창립 기념일 행사는 전 직원이 다 참여하는 큰 행사인 만큼 가장 첫 번째 줄에 배치해야겠다.

16 기획팀의 A대리는 같은 팀의 B대리와 동일한 업무를 진행함에도 불구하고 항상 업무 마감 기한을 제대로 지키지 못해 어려움을 겪고 있다. B대리의 업무 처리 과정을 지켜본 결과 B대리는 업무 처리에 소요되는 시간을 미리 계획하여 일정을 여유 있게 조절하는 것을 알 수 있었다. 다음 중 A대리가 B대리의 업무 처리 과정을 따라 실천한다고 할 때, 얻을 수 있는 효과로 적절하지 않은 것은?

① A대리의 업무 스트레스가 줄어들 것이다.

② 기업의 생산성 향상에 도움을 줄 수 있을 것이다.

③ A대리는 다양한 역할 수행을 통해 균형적인 삶을 살 수 있을 것이다.

④ A대리는 앞으로 가시적인 업무에 전력을 다할 수 있을 것이다.

17 다음 글에서 밑줄 친 ㉠ ~ ㉣의 수정 방안으로 적절하지 않은 것은?

문화 융성 시대가 도래함에 따라 공공도서관의 ㉠ <u>역활</u>이 증대되고 있다. 지식 정보 인프라 구축의 중요성, ㉡ <u>지역주민 문화 복지 관심 증가</u> 및 정부의 공공도서관 건립 지원 확대로 최근 4 ~ 5년간 공공 도서관 건립이 꾸준하게 증가하고 있다. ㉢ <u>그래서</u> 국가도서관통계시스템에 따르면 우리나라 공공도서관의 1관당 인구는 64,547명으로, 주요 국가들의 공공도서관 1관당 인구보다 많은 인구를 서비스 대상으로 하고 있다. 이는 우리나라 도서관 인프라가 여전히 열악한 상황이라는 것을 알려준다. ㉣ <u>이런 상황을 개선되기 위해</u> 정부는 도서관발전종합계획을 마련하여 진행 중이다. 종합계획에 따르면 도서관 접근성 향상과 서비스 환경 개선을 위해 1인당 장서 보유량을 1.6권으로 높여 국제 기준에 맞도록 장서를 확충할 계획이다. 또한, 도서관을 통한 창의적인 인재양성을 위해 정보 활용 교육과 도서관 활용 수업을 제도화하고 학교 도서관 전담 인력을 학생 1,500명당 1명으로 증원할 계획이다. 이와 함께 지식 정도 격차 해소를 위해 병영 도서관, 교도소 도서관 환경을 전면적으로 개선하고 장애인, 고령자, 다문화 가정을 위한 도서관 프로그램도 확대할 계획이다. 한편, 국가지식 정보 활용을 위해 세계의 최신 정보를 집약한 과학 기술·농학·의학·국립도서관 설립을 추진하고 국가 대표 도서관인 국립중앙도서관은 장서를 1,100만 권으로 확충할 예정이다. 이를 통해 국립중앙도서관이 세계 8위 수준의 장서 소장 국가 도서관이 될 것을 기대하고 있다고 도서관정보정책위원회는 밝혔다.

① ㉠을 '자기가 마땅히 하여야 할 맡은 바 직책이나 임무'를 의미하는 '역활'로 수정한다.

② ㉡은 명사를 지나치게 많이 나열하였으므로 '지역주민의 문화 복지에 대한 관심 증가'로 수정한다.

③ ㉢은 앞뒤 문장 간의 관계로 볼 때 뒤의 문장이 앞 문장의 결과가 아니므로 '그럼에도 불구하고' 정도로 수정한다.

④ ㉣은 문장성분 사이의 호응이 어색하므로 '이런 상황을 개선하기 위해'로 수정한다.

18 다음은 K국의 19세 이상 성인의 흡연율과 고위험 음주율을 조사한 자료이다. 이에 대한 설명으로 옳지 않은 것은?

〈연도별 19세 이상 성인의 흡연율과 고위험 음주율〉

(단위 : %)

구분	흡연율			고위험 음주율		
	전체	남자	여자	전체	남자	여자
2019년	26.3	46.8	6.5	13.6	23.1	4.4
2020년	25.0	43.3	7.4	13.4	21.9	5.3
2021년	23.2	41.4	5.7	11.9	19.4	4.8
2022년	23.3	42.3	5.1	13.1	20.6	5.9
2023년	21.6	38.3	5.3	12.7	20.5	5.1
2024년	22.6	39.4	6.1	13.2	21.2	5.4

※ 고위험 음주율
- 1회 평균 음주량
  - 남자 7잔 이상
  - 여자 5잔 이상
- 주 2회 이상 음주

〈2024년 연령대별 흡연율과 고위험 음주율〉

(단위 : %)

구분	흡연율			고위험 음주율		
	전체	남자	여자	전체	남자	여자
19 ~ 29세	25.4	41.7	7.2	13.8	17.7	9.6
30 ~ 39세	30.4	51.5	7.6	16.4	23.5	8.6
40 ~ 49세	25.0	43.9	5.6	15.8	25.7	5.7
50 ~ 59세	22.7	38.2	7.1	15.4	26.0	4.9
60 ~ 69세	14.6	25.7	4.0	9.0	17.5	0.9
70세 이상	9.1	18.0	3.4	2.7	6.3	0.3

① 2024년 50대 이상 연령대의 전체 흡연율의 합은 2024년 19세 이상 성인의 전체 흡연율보다 낮다.

② 2024년 여자의 경우, 연령대가 높아질수록 고위험 음주율은 감소한다.

③ 2024년 고위험 음주율은 남자는 50 ~ 59세, 여자는 19 ~ 29세가 연령대에서 가장 높다.

④ 2024년 19세 이상 성인의 흡연율 및 고위험 음주율은 2019년 대비 감소하였다.

19 다음 글에 이어질 내용을 바르게 추론한 것은?

테레민은 손을 대지 않고 연주하는 악기이다. 이 악기를 연주하기 위해 연주자는 허리 높이쯤에 위치한 상자 앞에 선다. 오른손은 상자에 수직으로 세워진 안테나 주위에서 움직인다. 오른손의 엄지와 집게손가락으로 고리를 만들고 손을 흔들면서 나머지 손가락을 하나씩 펴면 안테나에 손이 닿지 않고서도 음이 들린다. 이때 들리는 음은 피아노 건반을 눌렀을 때 나는 것처럼 정해진 음이 아니고 현악기를 연주하는 것과 같은 연속음이며, 소리는 손과 손가락의 움직임에 따라 변한다. 왼손은 손가락을 펼친 채로 상자에서 수평으로 뻗은 안테나 위에서 서서히 오르내리면서 소리를 조절한다.

오른손으로는 수직 안테나와의 거리에 따라 음고(音高)를 조절하고, 왼손으로는 수평 안테나와의 거리에 따라 음량을 조절한다. 따라서 오른손과 수직 안테나는 음고를 조절하는 회로에 속하고 왼손과 수평 안테나는 음량을 조절하는 또 다른 회로에 속한다. 이 두 회로가 하나로 합쳐지면서 두 손의 움직임에 따라 음고와 음량을 변화시킬 수 있다.

어떻게 테레민에서 다른 음고의 음이 발생되는지 알아보자. 음고를 조절하는 회로는 가청주파수 범위 바깥의 주파수를 갖는 서로 다른 두 개의 음파를 발생시킨다. 이 두 개의 음파 사이에 존재하는 주파수의 차이 값에 의해 가청주파수를 갖는 새로운 진동이 발생하는데 그것으로 소리를 만든다. 가청주파수 범위 바깥의 주파수 중 하나는 고정된 주파수를 갖고 다른 하나는 연주자의 손 움직임에 따라 주파수가 바뀐다. 이렇게 발생한 주파수의 변화에 의해 진동이 발생되고 이 진동의 주파수는 가청주파수 범위 내에 있기 때문에 그 진동을 증폭시켜 스피커로 보내면 소리가 들린다.

① 수직 안테나에 손이 닿으면 소리가 발생하는 원리
② 왼손의 손가락 모양에 따라 음고가 바뀌는 원리
③ 수평 안테나와 왼손 사이의 거리에 따라 음량이 조절되는 원리
④ 음고를 조절하는 회로에서 가청주파수의 진동이 발생하는 원리

20 다음은 K공사의 신입사원 채용에 지원한 남성·여성 입사지원자 수와 합격자 수에 대한 자료이다. 이에 대한 설명으로 옳지 않은 것은?(단, 합격률 및 비율은 소수점 둘째 자리에서 반올림한다)

〈신입사원 채용 현황〉

(단위 : 명)

구분	입사지원자 수	합격자 수
남성	10,891	1,699
여성	3,984	624

① 입사지원자의 합격률은 15% 이상이다.
② 여성 입사지원자 대비 여성 합격자의 비중은 20% 미만이다.
③ 전체 입사지원자 중에서 여성의 비중은 30% 미만이다.
④ 합격자 중 남성의 비율은 80% 이상이다.

21 다음 〈보기〉는 문서의 종류에 따른 문서작성법이다. 〈보기〉의 내용과 문서의 종류가 바르게 연결된 것은?

---〈보기〉---

(가) 상품이나 제품에 대해 정확하게 기술하기 위해서는 가급적 전문용어의 사용을 삼가고 복잡한 내용은 도표화한다.

(나) 대외문서이고, 장기간 보관되는 문서이므로 정확하게 기술해야 하며, 한 장에 담아내는 것이 원칙이다.

(다) 보통 업무 진행 과정에서 쓰는 경우가 대부분이므로 무엇을 도출하고자 했는지 핵심내용을 구체적으로 제시한다. 이때, 간결하고 핵심적인 내용의 도출이 우선이므로 내용의 중복을 피해야 한다.

(라) 상대가 요구하는 것이 무엇인지 고려하여 설득력을 갖추어야 하며, 제출하기 전에 충분히 검토해야 한다.

	(가)	(나)	(다)	(라)
①	공문서	보고서	설명서	기획서
②	공문서	기획서	설명서	보고서
③	설명서	공문서	기획서	보고서
④	설명서	공문서	보고서	기획서

22 한 경기장에는 네 개의 탈의실이 있는데 이를 대여할 때는 〈조건〉을 따라야 하며, 이미 예약된 탈의실은 다음과 같다고 한다. 금요일 빈 시간에 탈의실을 대여할 수 있는 단체를 모두 고르면?

〈탈의실 예약 현황〉

구분	월요일	화요일	수요일	목요일	금요일
A	시대		한국		
B	우리			시대	
C			나라		나라
D	한국	시대		우리	

---〈조건〉---

• 일주일에 최대 세 번, 세 개의 탈의실을 대여할 수 있다.
• 탈의실은 하루에 두 개까지 대여할 수 있다.
• 한 단체가 하루에 두 개의 탈의실을 대여하려면, 인접한 탈의실을 대여해야 한다.
• 탈의실은 A-B-C-D 순서대로 직선으로 나열되어 있다.
• 전날 대여한 탈의실을 똑같은 단체가 다시 대여할 수 없다.

① 나라, 한국
② 우리, 나라, 한국
③ 우리, 시대, 나라
④ 시대, 한국, 나라

23 A ~ G 7명은 모두 사원, 주임, 대리, 과장, 차장, 팀장, 부장 중 하나의 직급에 해당하며, 이 중 동일한 직급인 직원은 없다. A ~ G가 원형 테이블에 〈조건〉과 같이 앉아 있을 때, 다음 중 직급이 사원인 사람과 대리인 사람을 순서대로 바르게 나열한 것은?

〈조건〉
- A의 왼쪽에는 부장이, 오른쪽에는 차장이 앉아 있다.
- E는 사원과 이웃하여 앉지 않았다.
- B는 부장과 이웃하여 앉아 있다.
- C의 직급은 차장이다.
- G는 차장과 과장 사이에 앉아 있다.
- D는 A와 이웃하여 앉아 있다.
- 사원은 부장, 대리와 이웃하여 앉아 있다.

	사원	대리
①	A	F
②	B	E
③	B	F
④	D	E

24 양궁팀 A와 B는 양궁 경기를 하고 있다. 양궁 경기는 5회까지 맞힌 과녁 점수의 평균이 높은 팀이 승리하고, 결과는 A팀의 승리이다. 다음 최종 점수표를 참고할 때, 5회에 B팀은 몇 점 미만의 과녁을 맞혔는가?

〈최종 점수표〉

(단위 : 점)

구분	1회	2회	3회	4회	5회
A팀	6	7	7	3	6
B팀	7	7	4	5	( )

① 4점   ② 5점
③ 6점   ④ 7점

※ 다음은 K음료회사 사보에 올라온 SWOT 분석에 대한 글이다. 이어지는 질문에 답하시오. [25~26]

SWOT 분석은 기업의 내부 환경과 외부 환경을 분석하여 강점(Strength), 약점(Weakness), 기회(Opportunity), 위협(Threat) 요인을 규정하고 이를 토대로 경영 전략을 수립하는 기법으로, 미국의 경영컨설턴트인 알버트 험프리(Albert Humphrey)에 의해 고안되었다. SWOT 분석의 가장 큰 장점은 기업의 내·외부 환경 변화를 동시에 파악할 수 있다는 것이다. 기업의 내부 환경을 분석하여 강점과 약점을 찾아내며, 외부 환경 분석을 통해서는 기회와 위협을 찾아낸다. 요인별 특징은 다음과 같다.
• 강점(Strength) : 내부 환경(자사 경영 자원)의 강점
• 약점(Weakness) : 내부 환경(자사 경영 자원)의 약점
• 기회(Opportunity) : 외부 환경(경쟁, 고객, 거시적 환경)에서 비롯된 기회
• 위협(Threat) : 외부 환경(경쟁, 고객, 거시적 환경)에서 비롯된 위협
이처럼 SWOT 분석은 외부로부터 온 기회는 최대한 살리고 위협은 회피하는 방향으로 자신의 강점은 최대한 활용하고 약점은 보완한다는 논리에 기초를 두고 있다. SWOT 분석에 의한 경영 전략은 다음과 같이 정리할 수 있다.
• SO전략(강점 – 기회 전략) : 강점을 살려 기회를 포착
• ST전략(강점 – 위협 전략) : 강점을 살려 위협을 회피
• WO전략(약점 – 기회 전략) : 약점을 보완하여 기회를 포착
• WT전략(약점 – 위협 전략) : 약점을 보완하여 위협을 회피
이러한 SWOT 분석은 방법론적으로 간결하고 응용범위가 넓은 일반화된 분석 기법이기 때문에 여러 분야에서 널리 사용되고 있다.

25 현재 K음료회사에 근무 중인 J사원은 다음과 같은 내용으로 신제품을 발표하고자 한다. 이를 토대로 할 때 SWOT 분석에 의한 경영 전략 중 가장 적절한 것은?

올해 K음료회사의 신제품인 W음료는 천연재료로부터 추출한 향료로 만든 건강음료로, 인공향료나 방부제가 전혀 없습니다. 특히 W음료는 제약산업과 동일한 등급의 철저한 위생 관리가 이뤄지고 있으며, 열과 압력을 통과한 음료를 정제된 질소 포장으로 보관·유통하기 때문에 깨끗하고 위생적입니다. 이로 인해 건강음료를 선호하고 식품의 위생을 중요시하는 오늘날의 트랜드에 적합하여 높은 매출을 기록할 것으로 예상됩니다.

① SO전략(강점 – 기회 전략) ② ST전략(강점 – 위협 전략)
③ WO전략(약점 – 기회 전략) ④ WT전략(약점 – 위협 전략)

26 K음료회사에 근무하는 Z사원은 SWOT 분석에 대한 글을 읽고, 현재 K음료회사의 강점, 약점, 기회, 위협 요인을 다음과 같이 정리하였다. 이를 토대로 경영 전략을 제시하였을 때, Z사원이 제시한 전략 중 SWOT 분석에 의한 경영 전략에 포함되지 않는 것은?

강점(Strength)	• 높은 브랜드 가치 • 우리나라에서 가장 큰 음료회사 • 강력한 마케팅 및 광고
약점(Weakness)	• 탄산음료에 치중 • 다각화 부족 • 부정적인 평판
기회(Opportunity)	• 음료 소비 성장세 • 생수 수요 증가 • 생산 재료 가격의 하락
위협(Threat)	• 경쟁자 음료를 찾는 변화된 수요 • 탄산음료 산업에서 경쟁 심화 • 국가별로 강력한 현지 브랜드 존재

① 사회공헌 활동을 통해 '착한 기업' 이미지를 확보하여 경쟁시장에서 이길 수 있도록 한다.
② K음료회사의 차별화된 광고를 통해 음료 소비의 성장세를 극대화하도록 한다.
③ 현재의 부정적인 평판을 극복하기 위해 소비자들을 위한 효과적인 마케팅을 계획한다.
④ 탄산음료만이 아닌 건강음료를 개발하여 생수를 선호하는 건강시대에 발맞춰 생산한다.

27 K전자는 신제품으로 총 4대의 가정용 AI 로봇을 선보였다. 각각의 로봇은 전시장에 일렬로 전시되어 있는데, 한국어, 중국어, 일본어, 영어 중 한 가지만을 사용할 수 있다. 다음 〈조건〉을 만족할 때 옳은 것은?

──────〈조건〉──────
• 1번 로봇은 2번 로봇의 바로 옆에 위치해 있다.
• 4번 로봇은 3번 로봇보다 오른쪽에 있지만, 바로 옆은 아니다.
• 영어를 사용하는 로봇은 중국어를 사용하는 로봇의 바로 오른쪽에 있다.
• 한국어를 사용하는 로봇은 중국어를 사용하는 로봇의 옆이 아니다.
• 일본어를 사용하는 로봇은 가장자리에 있다.
• 3번 로봇은 일본어를 사용하지 않으며, 2번 로봇은 한국어를 사용하지 않는다.

① 1번 로봇은 영어를 사용한다.
② 3번 로봇이 가장 왼쪽에 위치해 있다.
③ 4번 로봇은 한국어를 사용한다.
④ 중국어를 사용하는 로봇은 일본어를 사용하는 로봇의 옆에 위치해 있다.

※ 다음은 K사의 차량기지 견학 안전체험 현황이다. 이어지는 질문에 답하시오. **[28~29]**

〈차량기지 견학 안전체험 건수 및 인원 현황〉

(단위 : 건, 명)

구분	2020년		2021년		2022년		2023년		2024년		합계	
	건수	인원	건수	인원	건수	인원	건수	인원	건수	인원	건수	인원
고덕	24	611	36	897	33	633	21	436	17	321	131	2,898
도봉	30	644	31	761	24	432	28	566	25	336	138	2,739
방화	64	1,009	㉡	978	51	978	㉣	404	29	525	246	3,894
신내	49	692	49	512	31	388	17	180	25	385	171	2,157
천왕	68	㉠	25	603	32	642	30	566	29	529	184	3,206
모란	37	766	27	643	31	561	20	338	22	312	137	2,620
합계	272	4,588	241	4,394	㉢	3,634	145	2,490	147	2,408	1,007	17,514

28 다음 중 빈칸 안에 들어갈 수치가 바르게 연결된 것은?

① ㉠ : 846
② ㉡ : 75
③ ㉢ : 213
④ ㉣ : 29

29 다음 〈보기〉의 설명 중 옳은 것을 모두 고르면?

─〈보기〉─

ㄱ. 방화 차량기지 견학 안전체험 건수는 2020년부터 2024년까지 전년 대비 매년 감소하였다.
ㄴ. 2022년 고덕 차량기지의 안전체험 건수 대비 인원수는 도봉 차량기지의 안전체험 건수 대비 인원수보다 크다.
ㄷ. 2021년부터 2023년까지 고덕 차량기지의 전년 대비 안전체험 건수의 증감추이는 인원수의 증감추이와 동일하다.
ㄹ. 신내 차량기지의 안전체험 인원수는 2024년에 2020년 대비 50% 이상 감소하였다.

① ㄱ, ㄴ
② ㄱ, ㄷ
③ ㄴ, ㄷ
④ ㄷ, ㄹ

30 다음 〈보기〉 중 경영활동을 이루는 구성요소를 감안할 때 '경영' 활동으로 적절하지 않은 것은?

―――〈보기〉―――

(가) 다음 시즌 우승을 목표로 해외 전지훈련에 참여하여 열심히 구슬땀을 흘리고 있는 선수단과 이를 운영하는 구단 직원들

(나) 자발적인 참여로 뜻을 같이한 동료들과 함께 매주 어려운 이웃을 찾아다니며 봉사활동을 펼치고 있는 S씨

(다) 교육지원대대장으로서 사병들의 교육이 원활히 진행될 수 있도록 훈련장 관리와 유지에 최선을 다하고 있는 K대령과 참모진

(라) 영화 촬영을 앞두고 시나리오와 제작 콘셉트를 회의하기 위해 모인 감독 및 스태프와 출연 배우들

① (가) ② (나)

③ (다) ④ (라)

31 K영화관에서 1분기 입장객 수를 조사했더니 5,000명이 다녀간 것으로 나타났다. 영화관의 티켓의 가격은 청소년은 5,000원, 성인은 8,000원이었으며, 1분기 총 수입액은 29,500,000원이었다. 다음 〈보기〉의 대화 내용 중 옳지 않은 분석을 한 직원은?

―――〈보기〉―――

A사원 : 전체 손님 중에서 청소년 관람객의 수가 성인 관람객의 수보다 많아요.

B사원 : 영화관의 수익을 늘리려면 성인 관람객 유치에 더 신경 써야 해요.

C사원 : 청소년 관람객의 비율은 전체 65%가 넘지 않아요.

D사원 : 성인 관람객은 모두 1,500명이 다녀갔어요.

① A사원 ② B사원

③ C사원 ④ D사원

32 K공사 기획부에 재직 중인 김대리는 목요일에 2박 3일 동안 일본으로 출장을 간다고 한다. 다음은 일본출장을 가기 위한 교통편에 대한 자료이다. 김대리는 비행기를 탈 경우 기내식을 먹기 원하며, 크루즈를 이용할 경우 회사에서 선착장까지 너무 멀어 회사 차를 이용할 수 없다. 김대리가 〈조건〉에 맞는 교통편을 선택한다고 할 때, 왕복 이용 비용은 얼마인가?(단, 비용에는 교통비와 식비를 포함한다)

<표>

〈교통편별 편도 금액 및 세부사항〉				
구분	편도 금액	식사 포함 유무	좌석	비고
H항공사	310,000원	×	비즈니스석	식사별도 주문 가능 (10,000원/1식)
	479,000원	○	퍼스트 클래스	식사 포함, 왕복권 구입 시 10% 할인
P항공사	450,000원	○	퍼스트 클래스	식사 포함
N크루즈	292,000원	×	S석	음식 구매 가능 (9,000원/1식)
M크루즈	180,000원	○	B석	평일 이용 시 15% 할인

※ 크루즈 이용 시 회사에서 선착장까지 좌석버스요금은 25,000원이다(반대방향도 동일).
※ 모든 교통편 이용 시 식사는 한 번 먹는다.

─〈조건〉─

- 비행기는 비즈니스석 이상을 이용한다.
- 크루즈는 A석 또는 S석을 이용한다.
- 식사가 포함되지 않을 경우 별도 주문 및 구매한다.
- 한 가지 교통편만 이용한다.
- 가장 저렴한 교통편을 선택한다.

① 862,200원 ② 746,000원
③ 652,000원 ④ 640,000원

33 다음 글을 바탕으로 세미나를 개최하고자 한다. 세미나의 안내장에 들어갈 표제와 부제로 적절하지 않은 것은?

인간은 자연 속에서 태어나 살다가 자연으로 돌아간다. 이처럼 자연은 인간 삶의 무대이고, 안식처이다. 그러므로 자연과 인간의 관계는 불가분의 관계이다. 유교는 바로 이 점에 주목하여 인간과 자연의 원만한 관계를 추구하였다. 이는 자연이 인간을 위한 수단이 아니라 인간과 공존해야 할 대상이라는 것을 뜻한다.

유교는 자연을 인간의 부모로 생각하고 인간은 자연의 자식이라고 여겨왔다. 그러므로 유교에서는 인간의 본질적 근원을 천(天)에 두었다. 하늘이 명한 것을 성(性)이라 하고, 하늘이 인간에게 덕(德)을 낳아 주었다고 하였다. 이는 인간에게 주어진 본성과 인간에 내재한 덕이 하늘에서 비롯한 것임을 밝힌 것이다. 이와 관련하여 이이는 "사람이란 천지의 이(理)를 부여받아 성(性)을 삼고, 천지의 기(氣)를 나누어 형(形)을 삼았다."라고 하였다. 이는 인간 존재를 이기론(理氣論)으로 설명한 것이다. 인간은 천지의 소산자(所産者)이며 이 인간 생성의 모태는 자연이다. 그러므로 천지 만물이 본래 나와 한몸이라고 할 수 있는 것이다.

유교에서는 천지를 인간의 모범 혹은 완전자(完全者)로 이해하였다. 유교 사상에 많은 영향을 미친 『주역』에 의하면 성인(聖人)은 천지와 더불어 그 덕을 합한 자이며, 해와 달과 함께 그 밝음을 합한 자이며, 사시(四時)와 더불어 그 질서를 합한 자이다. 이에 대하여 이이는 '천지란 성인의 준칙이요 성인이란 중인의 준칙'이라 하여 천지를 성인의 표준으로 이해하였다. 따라서 성인의 덕은 하늘과 더불어 하나가 되므로 신묘하여 헤아릴 수 없다고 하였다. 이와 같이 천지는 인간의 모범으로 일컬어졌고, 인간은 그 천지의 본성을 부여받은 존재로 규정되었다. 그러므로 『중용』에서는 성(誠)은 하늘의 도(道)요, 성(誠)이 되고자 노력하는 것이 인간의 도리라고 하였다. 즉, 참된 것은 우주 자연의 법칙이며, 그 진실한 자연의 법칙을 좇아 살아가는 것은 인간의 도리라는 것이다. 이처럼 유교는 인간 삶의 도리를 자연의 법칙에서 찾았고, 자연의 질서에 맞는 인간의 도리를 이상으로 여겼다. 이렇게 볼 때, 유교에서는 인간과 자연을 하나로 알고 상호 의존하고 있는 유기적 존재로 인식함으로써 천인합일(天人合一)을 추구하였음을 알 수 있다. 이러한 바탕 위에서 유교는 자존과 공존의 자연관을 말하였다. 만물은 저마다 자기 생을 꾸려나간다. 즉, 인간은 인간대로, 동물은 동물대로, 식물은 식물대로 각기 자기 삶을 살아가지만 서로 해치지 않는다. 약육강식의 먹이 사슬로 보면 이러한 설명은 타당하지 않은 듯하다. 그러나 생태계의 질서를 살펴보면 먹고 먹히면서도 전체적으로는 평등하다는 것을 알 수 있다. 또한, 만물의 도는 함께 운행되고 있지만 전체적으로 보면 하나의 조화를 이루어 서로 어긋나지 않는다. 이것이야말로 자존과 공존의 질서가 서로 어긋나지 않으면서 하나의 위대한 조화를 이루고 있는 것이다. 나도 살고 너도 살지만, 서로 해치지 않는 조화의 질서가 바로 유교의 자연관인 것이다.

① 유교와 현대 철학 – 환경 파괴 문제에 관하여
② 우주를 지배하는 자연의 질서 – 자연이 보여준 놀라운 복원력
③ 유교에서 바라본 자연관 – 자연과 인간의 공존을 찾아서
④ 유교의 현대적인 의미 – 자연에서 발견하는 삶의 지혜

34 다음은 직원들의 이번 주 초과근무 계획표이다. 하루에 5명 이상 초과근무를 할 수 없고, 초과근무 시간은 각자 일주일에 10시간을 초과할 수 없다고 한다. 한 사람만 초과근무 일정을 수정할 수 있을 때, 규칙에 어긋난 요일과 일정을 변경해야 할 직원을 바르게 짝지은 것은?(단, 주말은 1시간당 1.5시간으로 계산한다)

〈초과근무 계획표〉

성명	초과근무 일정	성명	초과근무 일정
김혜정	월요일 3시간, 금요일 3시간	김재건	수요일 1시간
이설희	토요일 6시간	신혜선	수요일 4시간, 목요일 3시간
임유진	토요일 3시간, 일요일 1시간	한예리	일요일 6시간
박주환	목요일 2시간	정지원	월요일 6시간, 목요일 3시간
이지호	화요일 4시간	최명진	화요일 5시간
김유미	금요일 6시간, 토요일 2시간	김우석	목요일 1시간
이승기	화요일 1시간	차지수	금요일 6시간
정해리	월요일 5시간	이상엽	목요일 6시간, 일요일 3시간

	요일	직원		요일	직원
①	월요일	김혜정	②	화요일	정지원
③	화요일	신혜선	④	목요일	이상엽

35 해외공항이나 국제기구 및 정부당국 등과 교육협약(MOU)을 맺고 이를 관리하는 업무를 담당하는 글로벌교육팀의 K팀장은 업무와 관련하여 팀원들이 글로벌 경쟁력을 갖출 수 있도록 글로벌 매너에 대해 교육하고자 한다. 다음 중 팀원들에게 교육해야 할 글로벌 매너로 적절하지 않은 것은?

① 미국 사람들은 시간엄수를 중요하게 생각한다.
② 아랍 국가 사람들은 약속한 시간이 지나도 상대방이 당연히 기다려줄 것으로 생각한다.
③ 아프리카 사람들과 이야기할 때는 눈을 바라보며 대화하는 것이 예의이다.
④ 미국 사람들과 인사를 하거나 이야기할 때는 적당한 거리를 유지하는 것이 좋다.

36 K기업은 새로운 협력업체를 선정하려고 한다. 다음 협력업체 후보 평가표와 항목별 가중치를 고려하여 점수가 가장 높은 업체를 선정할 때, 선정되는 업체는?

〈협력업체 후보 평가표〉

(단위 : 점)

구분	경제성	신속성	안정성	유연성
A업체	4	3	9	3
B업체	2	4	7	3
C업체	8	7	4	2
D업체	7	6	2	6

※ 영역별 만점은 10점이다.

〈항목별 가중치〉

항목	경제성	신속성	안정성	유연성
가중치	0.3	0.2	0.4	0.1

※ 선정점수는 가중치를 적용하여 모든 영역의 점수를 합한 값이다.

① A업체　　　　　　　　　　　② B업체
③ C업체　　　　　　　　　　　④ D업체

37 다음 글에서 설명하는 창의적 사고 개발 방법은?

'신차 출시'라는 같은 주제에 대해서 판매방법, 판매대상 등의 힌트를 통해 사고 방향을 미리 정해서 발상한다. 이때, 판매방법이라는 힌트에 대해서는 '신규 해외 수출 지역을 물색한다.'라는 아이디어를 떠올릴 수 있을 것이다.

① 자유 연상법　　　　　　　　② 강제 연상법
③ 비교 발상법　　　　　　　　④ 비교 연상법

38 다음 글이 참일 때 K공사의 신입사원으로 채용될 수 있는 지원자들의 최대 인원은 몇 명인가?

> 금년도 신입사원 채용에서 K공사가 요구하는 자질은 이해능력, 의사소통능력, 대인관계능력, 실행능력이다.
> K공사는 이 네 가지 자질 중 적어도 세 가지 자질을 지닌 사람을 채용하고자 한다. 지원자는 갑, 을, 병,
> 정 네 명이며, 이들이 지닌 자질을 평가한 결과 다음과 같은 정보가 주어졌다.
> ㉠ 갑이 지닌 자질과 정이 지닌 자질 중 적어도 두 개는 일치한다.
> ㉡ 대인관계능력은 병만 가진 자질이다.
> ㉢ 만약 지원자가 의사소통능력을 지녔다면, 그는 대인관계능력의 자질도 지닌다.
> ㉣ 의사소통능력의 자질을 지닌 지원자는 한 명뿐이다.
> ㉤ 갑, 병, 정은 이해능력이라는 자질을 지니고 있다.

① 1명   ② 2명
③ 3명   ④ 4명

39 다음 〈보기〉 중 비영리조직에 해당하는 것을 모두 고르면?

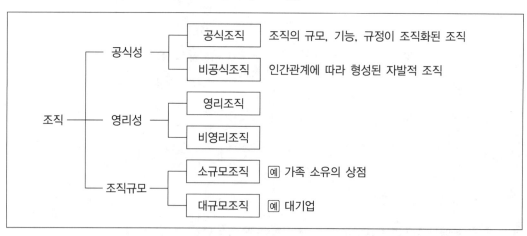

〈보기〉
㉠ 사기업   ㉡ 정부조직
㉢ 병원   ㉣ 대학
㉤ 시민단체

① ㉠, ㉢   ② ㉡, ㉤
③ ㉠, ㉢, ㉣   ④ ㉡, ㉢, ㉣, ㉤

40 K연구소 연구원인 A씨는 가족여행을 가고자 한다. K연구소는 직원들의 복리증진을 위하여 항공료를 일부 지원하고 있다. 다음 자료와 〈조건〉을 토대로 A씨가 선택할 여행지와 여행기간이 바르게 짝지어진 것은?

〈여행지별 항공료와 지원율〉

여행지	1인당 편도 항공료	항공료 지원율
중국	130,000원	10%
일본	125,000원	30%
싱가포르	180,000원	35%

※ 갈 때와 올 때 편도 항공료는 동일하다.

〈3월 달력〉

일요일	월요일	화요일	수요일	목요일	금요일	토요일
			1	2	3	4
5	6	7	8	9	10	11
12	13	14	15	16	17	18
19	20	21	22	23	24	25
26	27	28	29	30	31	

※ 3월 3 ~ 4일은 현장부지답사로 휴가가 불가능하다.
※ 3월 24일은 회사 창립기념일로 휴일이다.

───── 〈조건〉 ─────
• A씨는 아내와 단둘이 여행할 예정이다.
• A씨는 항공료로 최대 450,000원을 지원받을 수 있다.
• 회사의 항공료 지원은 동반한 직계가족까지 모두 적용된다.

① 중국 – 3월 9 ~ 11일
② 일본 – 3월 3 ~ 6일
③ 일본 – 3월 16 ~ 19일
④ 싱가포르 – 3월 15 ~ 18일

41 A, B가 서로 일직선상으로 20km 떨어져 마주보는 위치에 있고, A로부터 7.6km 떨어진 곳에는 400m 길이의 다리가 있다. A가 먼저 시속 6km로 출발하고, B가 x분 후에 시속 12km로 출발하여 A와 B가 다리 위에 위치한다고 할 때, x의 최댓값과 최솟값의 차를 구하면?(단, 다리와 일반 도로 사이의 경계는 다리에 포함한다)

① 3

② 4

③ 6

④ 7

42 다음 중 빈칸에 들어갈 내용으로 가장 적절한 것은?

서울의 청계광장에는 〈스프링(Spring)〉이라는 다슬기 형상의 대형 조형물이 설치되어 있다. 이것을 기획한 올덴버그는 공공장소에 작품을 설치하여 대중과 미술의 소통을 이끌어내려 했다. 이와 같이 대중과 미술의 소통을 위해 공공장소에 설치된 미술 작품 또는 공공영역에서 이루어지는 예술 행위 및 활동을 공공미술이라 한다.

1960년대 후반부터 1980년까지의 공공미술은 대중과 미술의 소통을 위해 작품이 설치되는 장소를 점차 확장하는 쪽으로 전개되었기 때문에 장소 중심의 공공미술이라 할 수 있다. 초기의 공공미술은 이전까지는 미술관에만 전시되던 작품을 사람들이 자주 드나드는 공공건물에 설치했다. 하지만 이렇게 공공건물에 설치된 작품들은 건물의 장식으로 인식되어 대중과의 소통에 한계가 있었기 때문에, 작품이 설치되는 공간은 공원이나 광장 같은 공공장소로 확장되었다. 그러나 공공장소에 놓이게 된 작품들이 주변 공간과 어울리지 않거나, 미술가의 미학적 입장이 대중에게 수용되지 못하는 일들이 벌어졌다. 이는 소통에 대한 미술가의 반성으로 이어졌고, 시간이 지남에 따라 공공미술은 점차 주변의 삶과 조화를 이루는 방향으로 발전하였다.

1990년대 이후의 공공미술은 참된 소통이 무엇인가에 대해 진지하게 성찰하며, 대중을 작품 창작 과정에 참여시키는 쪽으로 전개되었기 때문에 참여 중심의 공공미술이라 할 수 있다. 이때의 공공미술은 대중들이 작품 제작에 직접 참여하게 하거나, 작품을 보고 만지며 체험하는 활동 속에서 작품의 의미를 완성할 수 있도록 하여 미술가와 대중, 작품과 대중 사이의 소통을 강화하였다. 즉, 장소 중심의 공공미술이 이미 완성된 작품을 어디에 놓느냐에 주목하던 '결과 중심'의 수동적 미술이라면, 참여 중심의 공공미술은 '과정 중심'의 능동적 미술이라고 볼 수 있다.

그런데 공공미술에서는 대중과의 소통을 위해 누구나 쉽게 다가가 감상할 수 있는 작품을 만들어야 하므로, 미술가는 자신의 미학적 입장을 어느 정도 포기해야 한다고 우려할 수도 있다. 그러나 이러한 우려는 대중의 미적 감상 능력을 무시하는 편협한 시각이다. 추상적이고 난해한 작품이라도 대중과의 소통의 가능성은 늘 존재하기 때문이다. 따라서 _____ 공공미술가는 예술의 자율성과 소통의 가능성을 높이기 위해 대중의 예술적 감성이 어떠한지, 대중이 어떠한 작품을 기대하는지 면밀히 분석하여 작품을 창작해야 한다.

① 공공미술은 대중과의 소통에 한계가 있으므로 대립되기 마련이다.

② 공공영역에서 이루어지는 예술은 대중과의 소통을 위한 작품이기 때문에 수동적 미술이어야 한다.

③ 공공미술에서 예술의 자율성은 소통의 가능성과 대립하지 않는다.

④ 공공미술은 예술의 자율성이 보장되어야 하므로 대중의 뜻이 미술작품에 반드시 반영되어야 한다.

43 귀하는 인사팀 팀장으로 신입사원 공채의 면접관으로 참가하게 되었다. 귀하의 회사는 조직 내 팀워크를 무엇보다도 중요하게 생각하기 때문에 귀하는 이 점을 고려하여 직원을 채용해야 한다. 다음 중 귀하의 회사에 채용되기에 적절하지 않은 지원자는?

① A지원자 : 회사의 가치관과 제 생각이 다르다고 할지라도 수긍하는 자세로 일하겠습니다.
② B지원자 : 조직 내에서 반드시 필요한 일원이 되겠습니다.
③ C지원자 : 동료와 함께 부족한 부분을 채워 나간다는 생각으로 일하겠습니다.
④ D지원자 : 회사의 목표가 곧 제 목표라는 생각으로 모든 업무에 참여하겠습니다.

44 생산팀을 담당하고 있는 A사원은 영업부장에게 '거래처에 다음 달까지 납품하기로 한 제품이 5배 더 늘었다.'라는 문자를 받았다. 다음 중 A사원의 행동으로 가장 적절한 것은?

① 영업부장에게 왜 납품량이 5배나 늘었냐며 화를 낸다.
② 거래처 담당자에게 납품량을 한 번 더 확인한 후 생산라인에 통보한다.
③ 잘못 보낸 문자라 생각하고 아무런 조치를 취하지 않는다.
④ 생산해야 할 제품 수가 5배나 늘었다고 바로 생산라인에 통보한다.

45 다음 중 조직문화의 구성 요소에 대한 설명으로 적절하지 않은 것은?

① 공유가치는 가치관과 이념, 조직관, 전통가치, 기본목적 등을 포함한다.
② 조직구성원은 인력구성뿐만 아니라 그들의 가치관과 신념, 동기, 태도 등을 포함한다.
③ 관리기술은 조직경영에 적용되는 목표관리, 예산관리, 갈등관리 등을 포함한다.
④ 관리시스템으로는 리더와 부하 간의 상호관계를 볼 수 있다.

46 다음 〈조건〉을 토대로 유추할 수 있는 것은?

---〈조건〉---

- 태환, 지성, 영표, 주영, 수윤이가 수영 시합을 하였다.
- 지성이는 태환이보다 늦게, 주영이보다 빨리 들어왔다.
- 영표는 지성이보다 늦게 들어왔지만 5등은 아니었다.
- 수윤이는 태환이보다 먼저 들어왔다.

① 태환이는 4등이다.
② 수윤이는 1등이다.
③ 지성이는 3등이 아니다.
④ 주영이는 5등이 아니다.

47 다음 기사를 읽고 필리핀 EPS 센터에 근무 중인 S대리가 취할 행동으로 적절하지 않은 것은?

최근 필리핀에서 한국인을 노린 범죄행위가 기승을 부리고 있다. 외교부 보고에 따르면 최근 5년간 해외에서 우리 국민을 대상으로 벌어진 살인 사건이 가장 많이 발생한 국가가 필리핀인 것으로 나타났다. 따라서 우리 나라는 자국민 보호를 위해 한국인 대상 범죄 수사를 지원하는 필리핀 코리안 데스크에 직원을 추가 파견하기로 했다.

① 저녁에 이루어지고 있는 필리핀 문화 교육 시간을 오전으로 당긴다.
② 우리 국민이 늦은 시간에 혼자 다니지 않도록 한다.
③ 주필리핀 한국대사관과 연결하여 자국민 보호 정책을 만들 수 있도록 요청한다.
④ 우리나라에 취업하기 위해 들어오는 필리핀 사람들에 대한 규제를 강화한다.

48 다음 상황에서 팀장의 지시를 수행하기 위하여 오대리가 거쳐야 할 부서명을 순서대로 바르게 나열한 것은?

> 오대리, 내가 내일 출장 준비 때문에 무척 바빠서 그러는데 자네가 좀 도와줘야 할 것 같군. 우선 박비서한테 가서 오후 사장님 회의 자료를 좀 가져다 주게나. 오는 길에 지난 주 기자단 간담회 자료 정리가 되었는지 확인해 보고 완료됐으면 한 부 챙겨오고. 다음 주에 승진자 발표가 있을 것 같은데 우리 팀 승진 대기자 서류가 잘 전달되었는지 그것도 확인 좀 해 줘야겠어. 참, 오후에 바이어가 내방하기로 되어 있는데 공항 픽업 준비는 잘 해 두었지? 배차 예약 상황도 다시 한 번 점검해 봐야 할 거야. 그럼 수고 좀 해 주게.

① 기획팀 – 홍보팀 – 총무팀 – 경영관리팀
② 비서실 – 홍보팀 – 인사팀 – 총무팀
③ 인사팀 – 법무팀 – 총무팀 – 기획팀
④ 경영관리팀 – 법무팀 – 총무팀 – 인사팀

49 K공사는 업무에 피곤해하는 사원들을 위해 안마의자를 구입할 계획을 가지고 있다. K공사의 평가기준은 다음과 같다. A ~ D안마의자에 대한 〈조건〉을 참고할 때 어떤 안마의자를 구입하는 것이 가장 합리적인가?

> 〈안마의자 구입 시 평가기준〉
> • 회사원들이 점심시간을 이용하여 자주 사용할 것으로 생각되니 잦은 고장이 예상된다. A/S 기간은 2년 이상이어야 한다.
> • 사무실 인테리어를 볼 때, 안마의자의 컬러는 레드보다는 블랙이 적절하다.
> • 사원들의 의견을 통해 알아보니 겨울철에 이용할 경우를 생각해서 안마의자에 온열기능이 있어야 한다.
> • 안마의자의 구입 예산은 2,500만 원이므로 그 이하의 금액이라면 가격은 상관없다.
> • 안마의자의 프로그램 개수는 10개 이상이어야 하며, 많으면 많을수록 좋다.

> ──────── 〈조건〉 ────────
> • A안마의자는 2,200만 원이며, 컬러는 블랙, 프로그램은 12개이다. 온열기능이 있으며 A/S 기간은 2년이다.
> • B안마의자는 2,100만 원이며, 컬러는 레드, 프로그램은 13개이다. 온열기능이 없으며 A/S 기간은 2년이다.
> • C안마의자는 2,600만 원이며, 컬러는 블랙, 프로그램은 15개이다. 온열기능이 있으며 A/S 기간은 2년이다.
> • D안마의자는 2,400만 원이며, 컬러는 블랙, 프로그램은 13개이다. 온열기능이 있으며 A/S 기간은 2년이다.

① A안마의자
② B안마의자
③ C안마의자
④ D안마의자

50 다음 글을 읽은 독자의 반응으로 적절하지 않은 것은?

지름 10μm 이하인 미세먼지는 각종 호흡기 질환을 유발할 수 있기 때문에 예방 차원에서 대기 중 미세먼지의 농도를 알 필요가 있다. 이를 위해 미세먼지 측정기가 개발되었는데, 이 기기들은 대부분 베타선 흡수법을 사용하고 있다. 베타선 흡수법을 이용한 미세먼지 측정기는 입자의 성분에 상관없이 설정된 시간에 맞추어 미세먼지의 농도를 자동적으로 측정한다. 이 기기는 크게 분립 장치, 여과지, 베타선 광원 및 감지기, 연산 장치 등으로 구성된다.

미세먼지의 농도를 측정하기 위해서는 우선 분석에 쓰일 재료인 시료의 채취가 필요하다. 시료인 공기는 흡인 펌프에 의해 시료 흡입부로 들어오는데, 이때 일정한 양의 공기가 일정한 시간 동안 유입되도록 설정된다. 분립 장치는 시료 흡입부를 통해 유입된 공기 속 입자 물질을 내부 노즐을 통해 가속한 후, 충돌판에 충돌시켜 10μm보다 큰 입자만 포집하고, 그보다 작은 것들은 통과할 수 있도록 한다.

결국 지름 10μm보다 큰 먼지는 충돌판에 그대로 남고, 이보다 크기가 작은 미세먼지만 아래로 떨어져 여과지에 쌓인다. 여과지는 긴 테이프의 형태로 되어 있으며, 일정 시간 미세먼지를 포집한다. 여과지에 포집된 미세먼지는 베타선 광원과 베타선 감지기에 의해 그 질량이 측정된 후 자동 이송 구동 장치에 의해 밖으로 배출된다.

방사선인 베타선을 광원으로 사용하는 이유는 베타선이 어떤 물질을 통과할 때, 그 물질의 질량이 커질수록 베타선의 세기가 감쇠하는 성질이 있기 때문이다. 또한, 종이는 빠르게 투과하나 얇은 금속판이나 플라스틱은 투과할 수 없어 안전성이 뛰어나다. 베타선 광원에서 조사(照射)된 베타선은 여과지 위에 포집된 미세먼지를 통과하여 베타선 감지기에 도달하게 된다. 이때 감지된 베타선의 세기는 미세먼지가 없는 여과지를 통과한 베타선의 세기보다 작을 수밖에 없다. 베타선이 여과지 위에 포집된 미세먼지를 통과할 때, 그 일부가 미세먼지 입자에 의해 흡수되거나 소멸되기 때문이다. 따라서 미세먼지가 없는 여과지를 통과한 베타선의 세기와 미세먼지가 있는 여과지를 통과한 베타선의 세기에는 차이가 발생한다.

베타선 감지기는 이 두 가지 베타선의 세기를 데이터 신호로 바꾸어 연산 장치에 보낸다. 연산 장치는 이러한 데이터 신호를 수치로 환산한 후 미세먼지가 흡수한 베타선의 양을 고려하여 여과지에 포집된 미세먼지의 질량을 구한다. 이렇게 얻은 미세먼지의 질량은 유량 측정부를 통해 측정한 시료 포집 시 흡입된 공기량을 감안하여 ppb단위를 갖는 대기 중의 미세먼지 농도로 나타나게 된다.

① 미세먼지 측정기는 미세먼지 농도 측정 시 미세먼지의 성분에 영향을 받는군.
② 베타선 감지기는 베타선 세기를 데이터 신호로 바꾸어 주는 장치겠군.
③ 대기 중 미세먼지의 농도 측정은 시료의 채취부터 시작하겠군.
④ 베타선은 플라스틱으로 만들어진 물체를 투과하지 못하겠군.

4일 차
기출응용 모의고사

〈문항 및 시험시간〉

영역	문항 수	시험시간	모바일 OMR 답안채점 / 성적분석 서비스
의사소통능력＋수리능력＋문제해결능력 ＋자원관리능력＋조직이해능력	50문항	50분	

4일 차 기출응용 모의고사

문항 수 : 50문항
시험시간 : 50분

01 다음 글의 주장으로 가장 적절한 것은?

> 동물들의 행동을 잘 살펴보면 동물들도 우리가 사용하는 말 못지않은 의사소통 수단을 가지고 있는 듯이 보인다. 즉, 동물들도 여러 가지 소리를 내거나 몸짓을 함으로써 자신들의 감정과 기분을 나타낼 뿐 아니라 경우에 따라서는 인간과 다를 바 없이 의사를 교환하고 있는 듯하다. 그러나 그것은 단지 겉모습의 유사성에 지나지 않을 뿐이고 사람의 말과 동물의 소리에는 아주 근본적인 차이가 존재한다는 점을 잊어서는 안 된다. 동물들이 사용하는 소리는 단지 배고픔이나 고통과 같은 생물학적인 조건에 대한 반응이거나 두려움이나 분노와 같은 본능적인 감정들을 표현하기 위한 것에 지나지 않는다.

① 모든 동물이 다 말을 하는 것은 아니지만, 원숭이와 같이 지능이 높은 동물은 말을 할 수 있다.

② 동물들은 인간이 알아듣지 못하는 방식으로 대화할 뿐 서로 대화를 나누고 정보를 교환하며 인간과 같이 의사소통을 한다.

③ 동물들이 내는 소리가 때때로 의사소통의 수단으로 이용된다고 해서 그것을 대화나 토론·회의와 같은 언어활동이라고 할 수는 없다.

④ 자라면서 언어를 익히는 인간과 달리 동물들은 태어날 때부터 소리를 내고, 이를 통해 자신들의 의사를 표현한다.

02 K공장은 어떤 상품을 원가에서 23%의 이익을 남겨 판매하였으나, 잘 팔리지 않아 판매가에서 1,300원 할인하여 판매하였다. 이때 얻은 이익이 원가의 10%일 때, 상품의 원가는?

① 10,000원
② 11,500원
③ 13,000원
④ 14,500원

03 다음 〈조건〉을 토대로 바르게 추론한 것은?

<조건>

- 수진이는 어제 밤 10시에 자서 오늘 아침 7시에 일어났다.
- 지은이는 어제 수진이보다 30분 늦게 자서 오늘 아침 7시가 되기 10분 전에 일어났다.
- 혜진이는 항상 9시에 자고, 8시간의 수면 시간을 지킨다.
- 정은이는 어제 수진이보다 10분 늦게 잤고, 혜진이보다 30분 늦게 일어났다.

① 지은이는 가장 먼저 일어났다.
② 정은이는 가장 늦게 일어났다.
③ 혜진이의 수면 시간이 가장 짧다.
④ 수진이의 수면 시간이 가장 길다.

04 다음 중 A사와 B사가 활용한 벤치마킹의 종류를 바르게 나열한 것은?

A사는 기존 신용카드사가 시도하지 않았던 새로운 분야를 개척하며 성장했다. A사만의 독특한 문화와 경영 방식 중 상당 부분은 회사 바깥에서 얻었다. 이런 작업의 기폭제가 바로 'Insight Tour'이다. A사 직원들은 업종을 불문하고 새로운 마케팅으로 주목받는 곳을 방문한다. 심지어 혁신적인 미술관이나 자동차 회사까지 찾아간다. 금융회사는 가급적 가지 않는다. 카드는 고객이 결제하는 카드만 취급하는 것이 아니라 회사의 고객 라이프 스타일까지 디자인하는 곳이라는 게 A사의 시각이다. A사의 브랜드 실장은 "카드사는 생활과 밀접한 분야에서 통찰을 얻어야 한다. 'Insight Tour'는 고객의 삶을 업그레이드하는 데 역점을 둔다."라고 강조했다.

B사의 첫 벤치마킹 대상은 선반이 높은 창고형 매장을 운영한 월마트였다. 하지만 한국 문화에 맞지 않았다. 3년 후 일본 할인점인 이토요카토로 벤치마킹 대상을 바꿨다. 신선식품에 주력하고 시식행사도 마련하였고, 결과는 성공이었다. 또한 자체브랜드(PL; Private Label) 전략도 벤치마킹을 통해 가다듬었다. 기존 B사의 PL은 저가 이미지가 강했지만, 이를 극복하기 위해 B사는 'PL 종주국' 유럽을 벤치마킹했다. 유럽의 기업인 테스코는 PL 브랜드를 세분화해서 '테스코 파이니스트 – 테스코 노멀 – 테스코 벨류'란 브랜드를 달았다. 이와 유사하게 B사도 '베스트 – 벨류 – 세이브' 등의 브랜드로 개편했다.

	A사	B사
①	경쟁적 벤치마킹	비경쟁적 벤치마킹
②	간접적 벤치마킹	글로벌 벤치마킹
③	비경쟁적 벤치마킹	글로벌 벤치마킹
④	비경쟁적 벤치마킹	경쟁적 벤치마킹

05 다음 글을 이해한 내용으로 적절하지 않은 것은?

지대는 3가지 생산요소, 즉 토지, 자본, 노동의 소유자인 지주, 자본가, 노동자에게 돌아가는 정상적인 분배 몫을 제외하고 남는 잉여 부분을 말한다. 가령 시장에서 인기가 많은 과일이 어느 특정 지역에서만 생산된다면 이곳에 땅을 가진 사람들은 자신들이 정상적으로 땅을 빌려주고 받을 수 있는 소득보다 훨씬 높은 잉여 이익을 챙길 수 있을 것이다. 강남에 부동산을 가진 사람들은 그곳에 좋은 학군이 있고 좋은 사설학원들이 있기 때문에 다른 곳보다 훨씬 비싼 값에 부동산을 팔거나 임대할 수 있다. 정상적인 이익을 넘어서는 과도한 이익, 이것이 전통적인 지대 개념이다.

마셜은 경제가 발전하고 복잡해짐에 따라 원래 땅에서 생겨난 이 지대 개념을 다른 산업 분야로 확장하고 땅으로부터 잉여 이익과 차별화하기 위해 '준지대'라는 이름을 붙였다. 즉, 특정 산업 부문에 진입 장벽이나 규제가 있어 진입 장벽을 넘은 사람들이 실제보다 더 많은 잉여 이익을 얻는 경우를 모두 총괄해서 준지대라고 하는 것이다. 가령 정부가 변호사와 의사 숫자를 대폭 제한하는 법이나 규제를 만들 경우 이미 진입 장벽을 넘은 변호사나 의사들은 자신들이 제공하는 전문적 서비스 이상으로 소득이 늘게 되는데 이것이 준지대가 되는 것이다. 또 특정 IT 기술자에 대한 수요가 급증했는데 자격을 가진 사람이 적어서 노동 공급이 한정된 경우 임금이 정상적 상태를 넘어서 대폭 상승한다. 이때의 임금상승은 생산요소의 한정적 공급에 따른 것으로 역시 준지대적 성격을 가진다.

원래 마셜이 생각했던 준지대는 일시적 현상으로, 시간이 지나면 해소되는 것이었다. 가령 특정 IT 기술자에 대한 수요가 오랫동안 꾸준할 경우 이 기술을 배우려는 사람이 늘어나고 노동 공급이 증가해 임금이 하락하게 된다. 시간이 지나면서 준지대가 해소되는 것이다. 그러나 정부가 어떤 이유로든 규제 장치나 법률을 제정해서 장벽을 쌓으면 준지대는 계속 유지될 수 있을 것이다. 이렇게 특정 산업의 로비스트들이 준지대를 유지하기 위하여 정부에 로비하고 정치권에 영향력을 행사하는 행위를 '지대추구 행위'라고 한다.

역사적으로 지대추구의 대표적인 사례는 길드조직이었다. 남들보다 먼저 도시에 자리잡은 수공업자들은 각종 길드를 만들어 업종 칸막이를 했다. 한 길드는 비슷한 품목을 만들어내는 다른 길드의 영역을 침범할 수 없었고 심지어 큰 포도주 통을 만드는 사람은 작은 포도주 통을 만들지 못하도록 금지되었다. 당시 길드의 가장 큰 목적은 새로운 인력의 진입을 봉쇄하는 것이었다.

중세 봉건사회가 해체되면서 도시로 몰려들고 있는 저임금 노동자들이 더 싼 임금으로 수공업에 진출하려고 하자, 기득권을 지닌 도시 수공업자들이 귀족들의 비호 아래 길드조직을 법으로 보호해 저임금 신규인력 진출을 막고 자신들의 높은 이익을 보호하려 한 것이다.

① 지대는 토지와 자본, 노동의 대가를 제외한 나머지 부분을 일컫는다.
② 전통적으로 지대를 통해 비정상적으로 과도한 이익을 얻는 경우가 많았다.
③ 특정 농산물의 수요가 증가한다면, 그 지역의 지대는 평소보다 증가한다.
④ 정부는 규제 장치나 법률 제정으로 지대추구 행위를 해소하려고 노력한다.

06 다음 중 밑줄 친 ㉠에 해당하는 내용으로 적절하지 않은 것은?

기술이 빠르게 발전하는 상황에서 내 직업은 언제까지 유지될 것인가? 4차 산업혁명이 세계적인 화두로 등장한 이래, 일하는 모든 사람은 스스로에게 이러한 질문을 던져 보았을 것이다. 일자리의 미래에 대해서는 다양한 의견이 존재하지만, 새로운 기술이 일하는 방식에 영향을 미칠 것은 확실하다. 우리가 새로운 기술로 떠올리는 인공지능(AI), 사물인터넷(IoT), 빅데이터 분석 등의 기술은 이미 실생활에서도 광범위하게 사용되고 있다. 이러한 배경에서 신산업·신기술에 대한 직업훈련이 필요하다는 사회적 요구가 크다. 구직자·재직자 모두 새로운 기술을 습득해 고용 가능성을 높일 수 있고, 기업도 신기술을 보유한 인재가 있어야 신산업을 개척해 나갈 수 있기 때문이다. 직업훈련의 내용·방식·인프라를 4차 산업혁명에 적합한 형태로 전환해야 하지만, 우리나라 직업훈련 시장은 산업화 시대의 필요에 의해 확대된 제조업 분야 기능인력 양성 중심의 직업훈련 시스템에 머물고 있는 것이 현실이다.

이에 정부는 작년부터 ㉠ 4차 산업혁명에 대비한 인력양성 정책대안을 모색하고 있다. 폴리텍 대학의 IoT정보 보안, VR 콘텐츠 제작 등 미래 유망분야 중심과정을 신설·확산해 나가는 등 공공부문의 테스트베드 역할을 강화하고, 신산업 분야를 선도하고 있는 대학 등 우수 민간기관을 훈련기관으로 선정해 '4차 산업혁명 선도 인력양성훈련'을 운영 중이다. 이러한 훈련과정은 기업과 협약을 맺어 현장성 높은 훈련을 제공하는 것이 특징이다. 훈련 참여자들은 협약 기업에서 일하는 현장전문가들의 지도를 받으면서 프로젝트 기반의 실습을 진행하고 있다. 기술과 거리가 먼 경영학을 전공한 한 취업 준비생은 8개 신산업 분야 중 하나인 정보보안 훈련을 받으면서 오픈스택과 랜섬웨어를 다루는 프로젝트에 열정적으로 참여하여 프로젝트를 진행한 협약 기업에 취업해 근무하고 있다는 좋은 소식을 전해오기도 했다. 훈련과정에 도움을 준 협약 기업도 스마트팩토리를 도입하고자 하는 산업현장의 관심은 폭발적임에도 전문인력이 부족한 상황에서 우수인재를 확보할 수 있는 좋은 기회가 되었다고 평가한다. 참여자들의 긍정적인 반응에 힘입어 정부는 내년에는 더 많은 청년에게 훈련 기회를 제공할 계획이다. 뿐만 아니라 정부는 산업인력 수요에 대응하기 위해 미래 유망분야의 새로운 직업과 관련된 자격 종목도 신속하게 신설하고 있다. 작년 말에는 '3D프린터', 올해에는 '로봇'과 관련한 국가기술자격의 신설이 확정되었다. 이르면 연말부터는 '3D프린터 개발산업기사', '3D프린팅 전문응용기능사' 자격증 취득에 도전할 수 있다. 직업훈련 방식도 변화를 준비하고 있다. 정부는 현재 온라인을 통해 언제 어디서나 직업훈련에 접근할 수 있도록 스마트 직업훈련 플랫폼을 구축하고 있다. 이를 통해 강의실에서 수업을 하고, 집에서 과제를 하는 전통적인 진행방식에서 벗어나 사전에 학습하고 강의실에서는 토론, 문제 풀이 등을 하는 '역진행 수업(Flipped Learning)', 초단기·선택 학습이 가능한 '한입크기 훈련(Mirco Learning)', VR·AR 기술을 활용한 가상훈련 등을 확산해 나갈 계획이다.

정부는 매년 9월을 직업능력의 달로 정하여 기념하고 있다. 모든 국민이 직업능력 개발로 현재 직장에서의 적응 가능성을 높이고, 100세 시대 평생고용 가능성을 높일 수 있도록 지속적인 혁신을 추가할 계획이다.

① 대학 등 우수 민간기관을 훈련기관으로 선정하여 인력양성훈련 과정을 운영한다.

② 폴리텍 대학의 미래 유망분야 중심과정을 신설하고 이를 확산해 나가고 있다.

③ 인력양성훈련 과정 참여자들의 관련 기업에 대한 취업을 알선해 주고 있다.

④ '3D프린터', '로봇' 등 미래 유망분야의 새로운 직업과 관련된 자격 종목을 신설하고 있다.

다음은 2025년도 경기전망을 나타낸 자료이다. 경제성장률이 2%p씩 상승하는 경우 경제성장률의 기댓값은?

〈2025년도 경기전망〉

경제성장률(확률변수)	확률
5%	0.2
15%	0.4
20%	0.4

※ (기댓값)=[(확률변수)×(확률)]의 합

① 14%
② 15%
③ 16%
④ 17%

08 다음은 R대리가 부산 출장을 갔다 올 때 선택할 수 있는 교통편에 대한 자료이다. R대리가 교통편 하나를 선택하여 왕복티켓을 모바일로 예매하려고 할 때, 가장 저렴한 교통편은 무엇인가?

〈출장 시 이용가능한 교통편 현황〉

교통편	종류	편도 비용	할인 여부
버스	일반버스	24,000원	–
	우등버스	32,000원	모바일 예매 1% 할인
기차	무궁화호	28,000원	왕복 예매 시 15% 할인
	새마을호	36,000원	왕복 예매 시 20% 할인

① 일반버스
② 우등버스
③ 무궁화호
④ 새마을호

09 4개의 숫자 2, 3, 5, 8을 1번씩만 사용해서 4자리 자연수를 만들려고 한다. 이때 만들 수 있는 모든 자연수의 총합은?

① 59,988
② 89,988
③ 119,988
④ 309,988

10 다음 사례에 나타난 A씨의 자원 낭비요인은 무엇인가?

A씨는 요즘 밤늦게까지 게임을 하느라 잠이 부족하다. 어젯밤에도 다음 날 오전에 친구와 약속이 있다는 것을 알면서도 새벽까지 게임을 하느라 아침이 다 되어 잠이 들었다. 알람이 울려 잠시 눈을 떴지만, 잠을 더 자야겠다는 생각에 알람을 끄고 다시 눈을 감았다. 결국 해가 중천에 뜨고 나서야 일어난 A씨는 잔뜩 화가 난 친구의 문자를 확인하고 친구에게 전화를 걸었지만, 친구는 전화를 받지 않았다.

① 비계획적 행동　　　　　　　　② 편리성 추구
③ 자원에 대한 인식 부재　　　　　④ 노하우 부족

11 다음 중 밑줄 친 ㉠과 바꾸어 쓸 수 있는 말은?

'명명덕'은 '밝은 덕을 밝힌다.'는 뜻이다. 밝은 덕이란 사람이 태어날 때부터 갖추고 있는 도덕적 이성을 말한다. 주희는 사람의 이 같은 이성을 최대한 발휘해서 온 세상으로 그 범위를 넓혀야 한다고 말하였다. '신민'은 '백성을 새롭게 한다.'는 뜻이다.
세상을 다스리는 통치자들이 끝없이 도덕적 수련을 통해 스스로 덕을 밝히면, 백성들이 그 영향을 받아 구태의연한 삶에서 벗어날 수 있다는 것이다. 구태의연한 삶에서 벗어날 때까지 백성들은 계몽의 대상이 된다. 이때의 계몽은 강제적인 것이 아니라 자발적인 것이다. 그런데 문제는 통치자가 덕을 밝힌다고 해서 반드시 백성들이 새로운 생활을 하는 것은 아니므로 통치자가 스스로 모범이 되어야만 한다는 것이다. 즉, 통치자가 ㉠ 모범을 보이면 백성들이 자연히 따라온다는 것이다. 이처럼 자신의 도덕적 이성을 밝히는 일과 백성을 교화하는 일이 완전히 하나가 될 때 가장 완성된 형태의 도덕에 이르는데 그것이 '지어지선', 즉 지극한 선(올바름)에 머무는 것이다.

① 결자해지하면　　　　　　　　② 박람강기하면
③ 솔선수범하면　　　　　　　　④ 일취월장하면

12 K중학교에서 2 ~ 3학년을 대상으로 체육시험을 실시하였다. 2 ~ 3학년 전체 학생 수는 200명이며, 전체 평균 점수는 59.6점이었다. 3학년 학생 수는 전체 학생 수의 51%이고, 3학년 학생의 평균 점수는 2학년 학생 평균 점수의 3배보다 2점이 높을 때, 2학년과 3학년의 평균 점수는 각각 얼마인가?

	2학년	3학년
①	26점	80점
②	27점	83점
③	28점	86점
④	29점	89점

13 다음 글을 〈보기〉와 같은 순서로 재구성하려고 할 때 순서대로 바르게 나열한 것은?

(가) 최근 전자 상거래 시장에서 소셜 커머스 열풍이 거세게 불고 있다. 할인율 50%라는 파격적인 조건으로 검증된 상품을 구매할 수 있다는 입소문이 나면서 국내 소셜 커머스 시장의 규모가 급성장하고 있다. 시장 규모가 커지다 보니 개설된 소셜 커머스 사이트가 수백 개에 달하고, 소셜 커머스 모임 사이트까지 등장할 정도로 소셜 커머스의 인기가 날로 높아지고 있다.

(나) 현재 국내 소셜 커머스는 일정 수 이상의 구매자가 모일 경우 파격적인 할인가로 상품을 판매하는 방식의 소셜 쇼핑이 주를 이루고 있다. 그러나 소셜 쇼핑 외에도 SNS상에 개인화된 쇼핑 환경을 만들거나 상거래 전용 공간을 여는 방식의 소셜 커머스도 등장하고 있다. 소셜 커머스의 소비자는 판매자(생산자)의 상품을 사는 데서 그치지 않고 판매자들로 하여금 자신들이 원하는 물건을 판매하도록 유도할 수 있으며, 자신들 스스로가 새로운 소비자를 끌어 모을 수도 있다. 이러한 소비자의 변모는 소비자의 역할뿐만 아니라 상거래 지형이 크게 변화할 것임을 시사한다. 소셜 커머스 시대에는 소비자가 상거래의 주도권을 쥐는 일이 가능해진 것이다.

(다) 소셜 커머스란 소셜 네트워크 서비스(SNS)를 통하여 이루어지는 전자 상거래를 가리키는 말이다. 소셜 커머스는 상품의 구매를 원하는 사람들이 할인을 성사하기 위하여 공동 구매자를 모으는 과정에 주로 SNS를 이용하는 데서 그 명칭이 유래되었다. 소셜 커머스는 2005년 '야후(Yahoo)'의 장바구니 공유 서비스인 '쇼퍼스피어(Shopersphere)' 등을 통하여 처음 소개되었다.

─〈보기〉─

국내 소셜 커머스의 현황 → 소셜 커머스의 명칭 유래 및 등장 배경 → 소셜 커머스의 유형 및 전망

① (가) – (나) – (다)   ② (가) – (다) – (나)
③ (나) – (가) – (다)   ④ (나) – (다) – (가)

14 갑 ~ 병은 2명의 대표자를 뽑는 선거의 후보자들이다. 선거결과 총투표수는 3,270표, 무효표는 20표였고, 갑과 을이 당선되었다. 을의 득표수는 병의 득표수보다 50표 많았다. 만약 갑의 득표수 중 4%가 병의 지지표로 바뀌었다면 을은 병보다 10표 적어서 낙선했을 것이다. 이때, 갑과 을의 득표수 차이는?

① 450표   ② 500표

③ 550표   ④ 600표

15 다음은 2020 ~ 2024년 자원봉사 참여현황에 대한 자료이다. 참여율이 4번째로 높은 해의 전년 대비 참여율의 증가율은?(단, 소수점 둘째 자리에서 반올림한다)

〈자원봉사 참여현황〉

(단위 : 명, %)

구분	2020년	2021년	2022년	2023년	2024년
성인 총 인구수	39,377,310	39,832,282	40,287,814	40,747,638	41,210,561
자원봉사 참여 성인 인구수	5,077,428	5,823,697	6,666,477	7,169,252	7,998,625
참여율	12.9	14.6	16.5	17.6	19.4

① 7.5%   ② 9.6%

③ 11.6%   ④ 13.2%

※ 다음은 K국의 관광객 유동인원에 대한 자료이다. 이어지는 질문에 답하시오. **[16~17]**

⟨2019년 관광객 유동인원⟩

(단위 : 천 명)

출신지 \ 여행지	동부지역	남부지역	서부지역	북부지역	합계
동부지역	550	80	250	300	1,180
남부지역	200	400	510	200	1,310
서부지역	390	300	830	180	1,700
북부지역	80	200	80	420	780
합계	1,220	980	1,670	1,100	4,970

⟨2024년 관광객 유동인원⟩

(단위 : 천 명)

출신지 \ 여행지	동부지역	남부지역	서부지역	북부지역	합계
동부지역	500	200	400	200	1,300
남부지역	200	300	500	300	1,300
서부지역	400	400	800	200	1,800
북부지역	100	300	100	300	800
합계	1,200	1,200	1,800	1,000	5,200

16 2024년 동부지역을 여행한 서부지역 출신 관광객 대비 2019년 서부지역을 여행한 남부지역 출신 관광객의 비율은?(단, 소수점 첫째 자리에서 반올림한다)

① 119% ② 122%
③ 125% ④ 128%

17 다음 중 자료에 대한 설명으로 옳은 것은?(단, 소수점 둘째 자리에서 반올림한다)

① 5년 사이에 전체적으로 관광객이 증가하였고, 지역별로도 모든 지역에서 관광객이 증가하였다.
② 남부지역 관광객 중 서부지역 출신이 차지하는 비율은 2019년에 비해 2024년에 증가하였다.
③ 본인의 출신지를 여행하는 관광객이 차지하는 비중은 2019년에 비해 2024년에 증가하였다.
④ 모든 관광객이 동일한 지출을 한다고 가정했을 때, 2019년에 관광수지가 적자인 곳은 2곳이었지만, 2024년에는 1곳이다.

18 다음은 지식경제부에서 발표한 산업경제지표 추이이다. 이에 대한 설명으로 옳지 않은 것은?

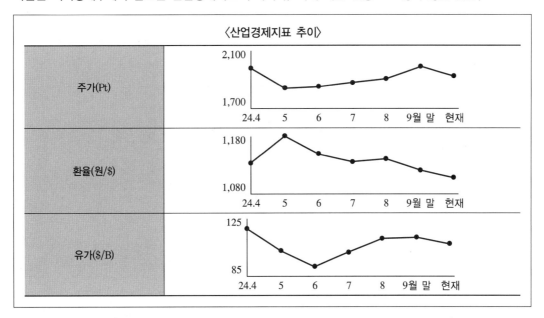

① 2024년 8월을 기점으로 위 세 가지 지표는 모두 하락세를 보이고 있다.
② 환율은 5월 이후 하락세에 있으므로 원화가치는 높아질 것이다.
③ 유가는 6월까지는 큰 폭으로 하락했으나, 그 이후 9월까지 서서히 상승세를 보이고 있다.
④ 숫자상의 변동 폭이 가장 작은 지표는 유가이다.

19 K공사의 신입사원인 A ~ E는 회사에서 문서작성 시 주의해야 할 사항에 대한 교육을 받은 뒤 이에 대해 이야기를 나누었다. 다음 〈보기〉 중 잘못된 내용을 이야기하고 있는 사람을 모두 고르면?

─〈보기〉─

A사원 : 문서를 작성할 때는 주로 '누가, 언제, 어디서, 무엇을, 어떻게, 왜'의 육하원칙에 따라 작성해야 해.
B사원 : 물론 육하원칙에 따라 글을 작성하는 것도 중요하지만, 되도록 글이 한눈에 들어올 수 있도록 하나의 사안은 한 장의 용지에 작성해야 해.
C사원 : 글은 한 장의 용지에 작성하되, 자료는 최대한 많이 첨부하여 문서를 이해하는 데 어려움이 없도록 하는 것이 좋아.
D사원 : 문서를 작성한 후에는 내용을 다시 한 번 검토해 보면서 높임말로 쓰인 부분은 없는지 살펴보고, 있다면 이를 낮춤말인 '해라체'로 고쳐 써야 해.
E사원 : 특히 문서나 첨부 자료에 금액이나 수량, 일자 등이 사용되었다면 정확하게 쓰였는지 다시 한 번 꼼꼼하게 검토하는 것이 좋겠지.

① A사원, B사원
② A사원, C사원
③ B사원, E사원
④ C사원, D사원

20 다음 명제를 토대로 유추할 수 있는 것은?

> • 노랑 상자는 초록 상자에 들어간다.
> • 파랑 상자는 빨강 상자에 들어간다.
> • 빨강 상자와 노랑 상자가 같은 크기이다.

① 파랑 상자는 초록 상자에 들어가지 않는다.
② 초록 상자는 빨강 상자에 들어간다.
③ 초록 상자는 파랑 상자에 들어가지 않는다.
④ 노랑 상자는 빨강 상자에 들어간다.

21 다음은 제품 생산에 소요되는 작업 시간을 정리한 자료이다. 〈조건〉을 토대로 추론한 내용으로 옳은 것은?

〈제품 생산에 소요되는 작업시간〉

(단위 : 시간)

작업구분 제품	절삭 작업	용접 작업
a	2	1
b	1	2
c	3	3

─〈조건〉─
• a, b, c제품을 각 1개씩 생산한다.
• 주어진 기계는 절삭기 1대, 용접기 1대이다.
• 각 제품은 절삭 작업을 마친 후 용접 작업을 해야 한다.
• 총작업시간을 최소화하기 위해 제품의 제작 순서는 관계없다.

① 가장 적게 소요되는 총작업시간은 8시간이다.
② 가장 많이 소요되는 총작업시간은 12시간이다.
③ 총작업시간을 최소화하기 위해 제품 b를 가장 늦게 만든다.
④ b → c → a로 작업할 때, b작업 후 1시간 동안 용접을 더 하면 작업 시간이 늘어난다.

22 다음 글의 제목으로 가장 적절한 것은?

1894년, 화성에 고도로 진화한 지적 생명체가 존재한다는 주장이 언론의 주목을 받았다. 이러한 주장은 당시 화성의 지도들에 나타난, '운하'라고 불리던 복잡하게 엉킨 선들에 근거를 두고 있었다. 화성의 운하는 1878년에 처음 보고된 뒤 거의 30년간 여러 화성 지도에 계속해서 나타났다. 존재하지도 않는 화성의 운하들이 어떻게 그렇게 오랫동안 천문학자들에게 받아들여질 수 있었을까?

19세기 후반에 망원경 관측을 바탕으로 한 화성의 지도가 많이 제작되었다. 특히 1877년 9월은 지구가 화성과 태양에 동시에 가까워지는 시기여서 화성의 표면이 그 어느 때보다도 밝게 보였다. 영국의 아마추어 천문학자 그린은 대기가 청명한 포르투갈의 마데이라섬으로 가서 13인치 반사 망원경을 사용해서 화성을 보이는 대로 직접 스케치했다. 그린은 화성 관측 경험이 많았으므로 이전부터 이루어진 자신의 관측 결과를 참고하고, 다른 천문학자들의 관측 결과까지 반영하여 당시로는 가장 정교한 화성 지도를 제작하였다.

그런데 이듬해 이탈리아의 천문학자인 스키아파렐리의 화성 지도가 등장하면서 이 지도의 정확성을 의심하게 되었다. 그린과 같은 시기에 수행한 관측을 토대로 제작한 스키아파렐리의 지도에는 그린의 지도에서 흐릿하게 표현된 지역에 평행한 선들이 그물 모양으로 교차하는 지형이 나타나 있었기 때문이었다. 스키아파렐리는 이것을 '카날리(Canali)'라고 불렀는데, 이는 '해협'이나 '운하'로 번역될 수 있는 용어였다.

절차적 측면에서 보면 그린이 스키아파렐리보다 우위를 점하고 있었다. 우선 스키아파렐리는 전문 천문학자였지만 화성 관측은 이때가 처음이었다. 게다가 그는 마데이라섬보다 대기의 청명도가 떨어지는 자신의 천문대에서 관측을 했고, 배율이 상대적으로 낮은 8인치 반사 망원경을 사용했다. 또한, 그는 짧은 시간에 특징만을 스케치하고 나중에 기억에 의존해 그것을 정교화했으며, 자신만의 관측을 토대로 지도를 제작했던 것이다. 그런데도 승리는 스키아파렐리에게 돌아갔다. 그가 천문학계에서 널리 알려진 존경받는 천문학자였던 것이 결정적이었다. 대다수의 천문학자는 그들이 존경하는 천문학자가 눈에 보이지도 않는 지형을 지도에 그려 넣었으리라고는 생각하기 어려웠다. 게다가 스키아파렐리의 지도는 지리학의 채색법을 그대로 사용하여 그린의 지도보다 호소력이 강했다. 그 후 스키아파렐리가 몇 번 더 운하의 관측을 보고하자 다른 천문학자들도 운하의 존재를 보고하기 시작했고, 이후 더 많은 운하들이 화성 지도에 나타나게 되었다.

일단 권위자가 무엇인가를 발견했다고 알려지면 그것이 존재하지 않는다는 것을 입증하기란 쉽지 않다. 더구나 관측의 신뢰도를 결정하는 척도로 망원경의 성능보다 다른 조건들이 더 중시되던 당시 분위기에서는 이러한 오류가 수정되기 어려웠다. 성능이 더 좋아진 대형 망원경으로는 종종 운하가 보이지 않는데, 놀랍게도 운하 가설 옹호자들은 이것에 대해 대형 망원경이 높은 배율 때문에 어떤 대기 상태에서는 오히려 왜곡이 심해서 소형 망원경보다 해상도가 떨어질 수 있다고 해명하곤 했던 것이다.

① 과학의 방법 : 경험과 관찰
② 과학사의 그늘 : 화성의 운하
③ 과학의 신화 : 화성 생명체 가설
④ 설명과 해명 : 그린과 스키아파렐리

※ K자동차 회사는 2026년까지 자동차 엔진마다 다음과 같이 시리얼 번호를 부여할 계획이다. 이어지는 질문에 답하시오. [23~24]

(첫째 자릿수)=(제조년)												
2001년	2002년	2003년	2004년	2005년	2006년	2007년	2008년	2009년	2010년	2011년	2012년	2013년
V	W	X	Y	1	2	3	4	5	6	7	8	9
2014년	2015년	2016년	2017년	2018년	2019년	2020년	2021년	2022년	2023년	2024년	2025년	2026년
A	B	C	D	E	F	G	H	J	K	L	M	N

(둘째 자릿수)=(제조월)											
1월	2월	3월	4월	5월	6월	7월	8월	9월	10월	11월	12월
A	C	E	G	J	L	N	Q	S	U	W	Y
B	D	F	H	K	M	P	R	T	V	X	Z

※ 셋째 자릿수부터 여섯째 자릿수까지는 엔진이 생산된 순서의 번호이다.

23 다음 중 시리얼 번호가 바르게 표시된 것은?

① OQ3258

② LI2316

③ SU3216

④ HS1245

24 2001 ~ 2004년과 2018 ~ 2022년에 생산된 엔진을 분류하려고 할 때 해당하지 않는 엔진의 시리얼 번호는?

① FN4568

② HH2314

③ WS2356

④ DU6548

25 컨설팅 회사에 근무 중인 A사원은 최근 컨설팅 의뢰를 받은 K사진관에 대해 SWOT 분석을 진행하기로 하였다. 다음 ㈀ ~ ㈃ 중 SWOT 분석에 들어갈 내용으로 적절하지 않은 것은?

강점(Strength)	• ㈀ 넓은 촬영 공간(야외 촬영장 보유) • 백화점 인근의 높은 접근성 • ㈁ 다양한 채널을 통한 홍보로 높은 인지도 확보
약점(Weakness)	• ㈂ 직원들의 높은 이직률 • 회원 관리 능력 부족 • 내부 회계 능력 부족
기회(Opportunity)	• 사진 시장의 규모 확대 • 오프라인 사진 인화 시장의 성장 • ㈃ 전문가용 카메라의 일반화
위협(Threat)	• 저가 전략 위주의 경쟁 업체 증가 • 온라인 사진 저장 서비스에 대한 수요 증가

① ㈀

② ㈁

③ ㈂

④ ㈃

26 신입사원인 수진, 민아, 종석은 임의의 순서로 검은색·갈색·흰색 책상에 이웃하여 앉아 있고, 커피·주스·콜라 중 한 가지씩 좋아한다. 또한, 기획·편집·디자인의 서로 다른 업무를 하고 있다. 다음 〈조건〉을 참고할 때 반드시 참인 것을 〈보기〉에서 모두 고르면?

─〈조건〉─

• 종석이는 갈색 책상에 앉아 있다.
• 검은색 책상에 앉은 사람은 편집 업무를 담당한다.
• 기획 담당과 디자인 담당은 서로 이웃해 있지 않다.
• 디자인을 하는 사람은 커피를 좋아한다.
• 수진이는 편집 담당과 이웃해 있다.
• 수진이는 주스를 좋아한다.

─〈보기〉─

ㄱ. 종석이는 커피를 좋아한다.
ㄴ. 민아와 종석이는 이웃해 있다.
ㄷ. 수진이는 편집을 하지 않고, 민아는 콜라를 좋아하지 않는다.
ㄹ. 민아는 흰색 책상에 앉아 있다.
ㅁ. 수진이는 기획 담당이다.

① ㄱ, ㄴ

② ㄴ, ㄷ

③ ㄷ, ㄹ

④ ㄱ, ㄴ, ㅁ

27 K회사에서는 소비자에게 어필할 수 있는 마케팅 전략을 수립하기 위해 다음 자료를 참고하여 회의를 진행하고자 한다. 회의에 참여한 A ~ D 중 자신의 주장에 대한 근거가 타당하지 않은 사람은 누구인가?

〈금융 소비자의 유형별 비중 및 구성비〉

유형	내용	비중	소득 하위 17% / 상위 17% 구성비	저연령층 / 고연령층 구성비
Digital Lifestyles	IT 기기의 선호도가 높음	7%	18% / 15%	51% / 12%
Trust	정직, 신뢰에 높은 가치를 둠	37%	18% / 15%	33% / 27%
Convenience	자신에게 적합한 시간, 원하는 방식을 선택하는 것을 선호함	13%	19% / 15%	46% / 18%
Exclusivity	평균 이상의 높은 품질의 상품 및 서비스를 소비함	5%	17% / 21%	48% / 12%
Individualism	특정 분류로 규정하기 어려움	4%	18% / 19%	39% / 23%
Responsibility	스스로가 선택하고 의사 결정하는 것을 중요시함	23%	18% / 16%	37% / 22%
Fear	제반 여건을 모두 검토한 후에 행동함	6%	19% / 15%	42% / 17%
Evolving Landscapes	새로운 상품과 서비스를 즐김	5%	18% / 21%	52% / 10%

※ 저연령층 : 18 ~ 34세 / 고연령층 : 55세 이상

① A : 가장 큰 비중을 차지하는 Trust 유형에서는 신뢰도를 높이기 위해 단순한 교차판매보다 서비스 질 향상에 집중하는 것이 좋겠습니다.

② B : Exclusivity, Evolving Landscapes 유형에서는 고소득자의 구성비가 높았는데, 평균 이상의 특별한 서비스와 혁신적인 상품으로 접근하면 효과적일 것으로 판단됩니다.

③ C : Fear, Convenience 유형에서는 저소득자의 구성비가 가장 높게 나타나긴 했으나, 타 유형이 17 ~ 18%인 것을 감안하면 유의미한 차이로 보기 어렵습니다.

④ D : 저연령층은 Digital Lifestyles, Responsibility, Convenience 등의 유형에서 구성비가 높게 나타났는데, 이들은 IT 기기에 친숙하고 새로운 것을 좋아하므로 최신 트렌드의 반영, 온라인 및 모바일 채널 확대 등을 고려할 필요가 있습니다.

28 사내 시설 예약을 담당하는 A사원은 K서포터즈 발대식 안내문을 받고 〈조건〉에 따라 시설을 예약하려고 한다. 다음 중 A사원이 예약할 시설로 가장 적절한 것은?

〈K서포터즈 발대식 안내〉

- 일시 : 4월 17 ~ 18일(1박 2일)
- 대상인원 : 서포터즈 선발인원 117명, 아나운서 6명

··· (하략) ···

〈사내 시설 현황〉

구분	최대 수용 인원	시설 예약 현황			부대시설	
		4월 16일	4월 17일	4월 18일	마이크	프로젝터
한빛관	166명	–	–	09:00 ~ 11:00	○	×
비전홀	158명	15:00 ~ 17:00	–	–	○	○
대회의실	148명	09:00 ~ 10:00	–	–	○	○
세미나실	124명	–	–	–	×	×

〈조건〉

- 운영 인원 10명을 포함한 전체 참여 인원을 수용할 수 있어야 한다.
- 마이크와 프로젝터가 모두 있어야 한다.
- 발대식 전날 정오부터 대여가 가능해야 한다.

---

① 한빛관
② 비전홀
③ 대회의실
④ 세미나실

29 다음은 정보공개 대상별 정보공개수수료에 대한 자료이다. 〈보기〉의 정보열람인 중 정보공개수수료를 가장 많이 낸 사람부터 순서대로 바르게 나열한 것은?(단, 정보열람인들이 열람한 정보는 모두 공개 대상인 정보이다)

〈정보공개 대상별 정보공개수수료〉

공개 대상	열람·시청	사본(종이 출력물)·인화물·복제물
문서·도면·사진 등	• 열람 　– 1일 1시간 이내 : 무료 　– 1시간 초과 시 30분마다 1,000원	• 사본(종이 출력물) 　– A3 이상 : 1장 300원(1장 초과 시 100원/장) 　– B4 이하 : 1장 250원(1장 초과 시 50원/장)
필름·테이프 등	• 녹음테이프(오디오자료)의 청취 　– 1건이 1개 이상으로 이루어진 경우 　　: 1개(60분 기준)마다 1,500원 　– 여러 건이 1개로 이루어진 경우 　　: 1건(30분 기준)마다 700원 • 영화필름의 시청 　– 1편이 1캔 이상으로 이루어진 경우 　　: 1캔(60분 기준)마다 3,500원 　– 여러 편이 1캔으로 이루어진 경우 　　: 1편(30분 기준)마다 2,000원 • 사진필름의 열람 　– 1장 : 200원 　– 1장 초과 시 50원/장	• 녹음테이프(오디오자료)의 복제 　– 1건이 1개 이상으로 이루어진 경우 　　: 1개마다 5,000원 　– 여러 건이 1개로 이루어진 경우 　　: 1건마다 3,000원 • 사진필름의 복제 　– 1컷마다 6,000원 • 사진필름의 인화 　– 1컷마다 500원
마이크로필름·슬라이드 등	• 마이크로필름의 열람 　– 1건(10컷 기준) 1회 : 500원 　– 10컷 초과 시 1컷마다 100원 • 슬라이드의 시청 　– 1컷마다 200원	• 사본(종이 출력물) 　– A3 이상 : 1장 300원(1장 초과 시 200원/장) 　– B4 이하 : 1장 250원(1장 초과 시 150원/장) • 마이크로필름의 복제 　– 1롤마다 1,000원 • 슬라이드의 복제 　– 1컷마다 3,000원

─〈보기〉─

• A : 공시지가에 관련된 문서와 지가비공개 대상에 대한 문서를 하루 동안 각각 3시간 30분씩 열람하고, 공시지가 관련 문서를 A3 용지로 총 25장에 걸쳐 출력하였다.
• B : 한 캔에 포함된 두 편의 영화필름 중 20분짜리 독립유공자 업적 관련 한 편의 영화를 시청하고, 13컷으로 구성된 관련 슬라이드를 시청하였으며, 해당 슬라이드의 1컷부터 6컷까지를 복제하였다.
• C : K공사 사업연혁과 관련된 마이크로필름 2롤과 3건(1건이 1개)으로 이루어진 녹음테이프 자료를 복제하였고, 최근 해외협력사업과 관련된 사진필름 8장을 열람하였다.
• D : 하반기 K공사 입찰계약과 관련된 문서의 사본을 B4 용지로 35장을 출력하고, 작년 공사 관련 사진필름을 22장 열람하였다.

① A – B – C – D
② A – B – D – C
③ B – A – C – D
④ B – C – A – D

30 K공사에서는 냉방 효율을 위해 구형 에어컨과 신형 에어컨의 수를 조정하려고 한다. 다음 자료를 토대로 중고 판매가와 구매가를 고려한 비용은 얼마인가?

〈냉방 효율 조정 방안〉

구분	조건	미충족 시 조정 방안
1	층별 전기료 월 75만 원 미만	구형 에어컨을 최소한으로 판매해 조건 충족
2	층별 구형 에어컨 대비 신형 에어컨 비율 $\frac{1}{2}$ 이상 유지	신형 에어컨을 구입해 조건 충족

※ 구형 에어컨 1대 전기료는 월 5만 원이고, 신형 에어컨 1대 전기료는 월 3만 원이다.
※ 구형 에어컨 1대 중고 판매가는 10만 원이고, 신형 에어컨 1대 구매가는 50만 원이다.
※ 조건과 조정 방안은 1번부터 적용한다.

〈층별 냉방시설 현황〉

(단위 : 대)

구분	1층	2층	3층	4층	5층
구형	10	13	15	11	12
신형	4	5	7	6	5

① 50만 원
② 55만 원
③ 60만 원
④ 70만 원

미국 프린스턴대의 진화생물학자인 존 타일러 보너 교수는 자신이 쓴 『크기의 과학』에서 "지구 역사상 유기체 크기의 상한선은 항상 열려 있고, 대부분의 생물은 몸집을 키우는 방향으로 진화해왔다."라고 말한다. 거대동물의 큰 몸집은 과학자에게 흥미로운 주제가 된다. 아직까지 확실한 이유가 밝혀지지는 않았지만, 진화의 방향성을 놓고 볼 때 몸집이 커지는 쪽이 당연하다는 것에는 대개의 관련 학자들이 동의하고 있다. 동물은 몸집이 커지면 유리한 점이 많다. 천적이 줄어들고, 다른 경쟁 상대에 비해 먹잇감을 얻기가 쉬워진다. 대형 초식동물이 늘어나면 포식자들도 효과적으로 사냥하기 위해 몸집을 키우는 방향으로 진화하기 마련이다.

동물의 몸집이 커지는 쪽으로 진화하는 데는 환경적인 요인도 작용한다. 예를 들어 차가운 기후에서 포유류와 같은 온혈동물의 몸집은 더 커져야 한다. 체온을 유지하기 위해서는 큰 몸뚱이가 유리하기 때문이다. 반면 양서류나 파충류와 같은 냉혈동물은 따뜻한 기후에서 몸집이 더 커진다. 몸집이 커지면 외부 열을 차단하기에 그만큼 유리하다. 대기 중 산소 농도가 크기에 영향을 줬다는 주장도 있다. 과학자들은 석탄기에 살던 바퀴벌레가 고양이만 했던 까닭이 대기 중 산소 농도가 지금보다 두 배 높았기 때문일 것으로 보고 있다. 거대곤충들은 다리에 산소를 공급하는 기관과 힘줄, 신경 다발이 발달했는데, 이들 기관이 산소를 몸 곳곳에 충분히 공급하면서 몸집이 커졌다는 얘기이다. 서식지 면적도 영향을 줬을 가능성이 높다. 어떤 학자들은 북극해 랭스 섬에 살던 매머드의 크기가 유라시아 대륙에 살던 매머드의 65%에 불과했던 것은 서식지의 면적과 관련이 있다고 주장한다. 덩치가 큰 동물일수록 먹잇감을 충분하게 공급하는 넓은 면적의 서식지가 필요하기 때문이라는 것이다.

하지만 이러한 요인들의 영향을 받더라도 동물의 몸집이 무한정 커지기만 하는 것은 아니다. 생물의 크기는 세포 수가 결정한다. 세포의 자체 크기나 모양보다는 얼마나 많이 분열하느냐에 따라 몸집이 결정된다. 쥐와 코끼리가 세포 종류에서 차이가 없지만 몸집이 다른 것도 이런 이유 때문이다. 또한 몸의 크기는 성장호르몬의 종류와 양에 따라 달라진다. 성장호르몬이 세포의 분열을 계속 명령해서 세포의 숫자가 점점 많아진다면 덩치도 따라서 커진다. 그러나 세포가 계속해서 분열만 한다고 해서 무한정 성장하는 것은 아니다. 생물 스스로의 조절 능력을 벗어난 세포 분열은 일어나지 않는다. 설령 그렇다 하더라도 비정상적인 부작용을 낳을 수 있다.

예를 들어 소설 『걸리버 여행기』에 등장하는 거인국 사람을 보자. 키가 정상인의 2배만 되어도 쓰러져 머리를 부딪치면 그 충격은 30배나 된다. 또 뜀박질은 물론 제자리에서 폴짝 뛰는 것도 어렵게 된다. 뛰었다 떨어지는 순간 몸무게 때문에 다리뼈가 박살날 수도 있다. 과학자들은 『걸리버 여행기』에 등장하는 사람의 다리는 물리적인 구조상 거의 코끼리 다리 수준으로 굵어져야 한다고 설명한다. 뼈뿐만 아니라 근육도 더 많이 필요하기 때문에 결국 신체 각 부분의 크기 비율이 달라져야 한다. 코끼리보다 몸무게가 14배나 더 무거운 대왕고래는 부력 덕분에 수중에서는 살 수 있지만 만약 육지에 올라온다면 중력의 영향으로 생존하기 어렵게 된다. 동물은 몸집이 커지면 그에 맞게 신체 구조도 함께 바꿔야 하는 것이다.

31 다음 중 윗글의 내용 전개방식으로 가장 적절한 것은?

① 전문가의 견해를 근거로 거대동물이 출현하게 된 배경을 제시하고 있다.

② 동물의 몸집이 커지는 요인을 밝힌 후 거대화의 한계에 대해 서술하고 있다.

③ 환경적 요인이 거대동물의 출현에 끼친 영향을 상반된 관점에서 설명하고 있다.

④ 진화의 과정에서 동물의 몸집이 커지는 이유를 시간적 순서에 따라 나열하고 있다.

32 다음 중 윗글을 읽고 추론한 내용으로 적절하지 않은 것은?

① 열대 지역의 개구리보다 온대 지역의 개구리가 몸집이 커야 생존에 유리할 것이다.

② 대왕고래가 육지로 올라온다면 중력의 영향으로 자신의 몸을 지탱하기 어려울 것이다.

③ 코끼리만한 크기의 얼룩말이 늘어난다면 사자도 몸집을 키우는 방향으로 진화해야 한다.

④ 같은 종의 초식동물이라면 면적이 좁은 섬보다 넓은 육지에 사는 동물의 몸집이 더 클 것이다.

33 다음 중 윗글의 독자가 〈보기〉에 대해 보인 반응으로 가장 적절한 것은?

─〈보기〉─

몸집이 큰 생명체는 작은 생명체보다 대사율이 떨어진다. 코끼리가 한 번 먹는 식사량은 쥐 한 마리가 한 끼 먹는 양보다 절대적으로 많다. 그러나 코끼리는 자기 몸무게만큼의 쥐들이 먹는 음식물보다 훨씬 적은 양을 먹어도 살 수 있다. 외신에 따르면 유전자 공학을 이용하여 육우의 몸집을 키우는 연구가 진행되고 있다고 한다. 머지않아 거대육우가 등장할 것으로 예상된다.

① '거대육우'는 늘어난 몸무게 때문에 일반 소와는 신체 구조가 달라지겠군.

② 몸집이 커진 '거대육우'를 기르는 농가는 사료비용의 증가로 적자를 보겠군.

③ 분열한 세포들의 수가 너무 많아지면 '거대육우'의 수명을 단축시키게 될 것 같아.

④ 세포 수가 증가하면 '거대육우'의 무게가 계속 증가하니 초지에 방목해서 길러야 하겠군.

34 K공단에서는 매월 초 인트라넷을 통해 윤리경영 자기진단을 실시한다. 아침 회의 시 이사장은 오늘 내에 부서 구성원이 모두 참여할 수 있는 별도의 시간을 정하여 가능한 빨리 완료할 것을 지시하였다. 이에 부서장은 귀하에게 다음 업무 스케줄을 토대로 적당한 시간을 확인하여 보고할 것을 당부하였다. 자기진단 시간으로 1시간이 소요될 때 가장 적절한 시간대는 언제인가?

〈업무 스케줄〉

시간	직급별 스케줄				
	부장	차장	과장	대리	사원
09:00 ~ 10:00	부서장 회의				
10:00 ~ 11:00					
11:00 ~ 12:00			타부서 협조회의		
12:00 ~ 13:00	점심식사				
13:00 ~ 14:00	부서 업무 회의				비품 신청
14:00 ~ 15:00					
15:00 ~ 16:00				일일 업무 결산	
16:00 ~ 17:00		업무보고			
17:00 ~ 18:00	업무보고				

① 15:00 ~ 16:00

② 14:00 ~ 15:00

③ 12:00 ~ 13:00

④ 10:00 ~ 11:00

35 K공단은 상반기 인사이동을 통해 품질안전본부의 승진대상자 중 승진할 직원 2명을 선정하고자 한다. 승진자 결정방식 및 승진대상자 정보가 다음과 같을 때, 승진하는 직원끼리 바르게 짝지은 것은?

〈승진자 결정방식〉

- 품질안전본부의 승진대상자인 갑 ~ 무 중 승진점수가 가장 높은 직원 2명이 승진하게 된다.
- 승진점수는 업무실적점수(20점), 사고점수(10점), 근무태도점수(10점), 가점 및 벌점(최대 5점)을 합산하여 산정한다.
- 업무실적점수 산정기준(20점 만점)

A	B	C	D
20점	17점	13점	10점

- 사고점수 산정기준(10점 만점) : 만점인 10점에서 사고유형 및 건수에 따라 차감하여 계산한다.

구분	1건당 벌점
경미 / 과실	1점
중대 / 고의	3점

- 근무태도점수 산정기준(10점 만점)

우수	보통	미흡
10점	7점	4점

- 가점 및 벌점 부여기준(최대 5점)
  - 무사고(모든 유형의 사고 건수 0건) : 가점 2점
  - 수상실적 : 1회당 가점 2점
  - 사고유형 중 중대 / 고의 사고 건수 2건 이상 : 벌점 4점

〈승진대상자 정보〉

구분	업무실적등급	사고건수		근무태도등급	수상실적
		경미 / 과실	중대 / 고의		
갑	A	-	1	보통	1회
을	B	1	-	우수	2회
병	C	2	-	보통	-
정	A	1	1	미흡	-
무	D	-	-	우수	1회

① 갑, 을
② 갑, 정
③ 병, 정
④ 정, 무

36 다음 회의록을 참고할 때, 고객지원팀의 강대리가 해야 할 일로 적절하지 않은 것은?

〈회의록〉			
회의일시	2025년 ○○월 ○○일	부서	기획팀, 시스템개발팀, 고객지원팀
참석자	기획팀 김팀장, 박대리 / 시스템개발팀 이팀장, 김대리 / 고객지원팀 유팀장, 강대리		
회의안건	홈페이지 내 이벤트 신청 시 발생하는 오류로 인한 고객 불만에 따른 대처방안		
회의내용	• 홈페이지 고객센터 게시판 내 이벤트 신청 오류 관련 불만 글 확인 • 이벤트 페이지 내 오류 발생 원인에 대한 확인 필요 • 상담원의 미숙한 대응으로 고객들의 불만 증가(대응 매뉴얼 부재) • 홈페이지 고객센터 게시판에 사과문 게시 • 고객 불만 대응 매뉴얼 작성 및 이벤트 신청 시스템 개선 • 추후 유사한 이벤트 기획 시 기획안 공유 필요		

① 민원 처리 및 대응 매뉴얼 작성
② 상담원 대상으로 CS 교육 실시
③ 홈페이지 내 사과문 게시
④ 오류 발생 원인 확인 및 신청 시스템 개선

37 다음 글을 이해한 내용으로 가장 적절한 것은?

> 총무부는 회사에 필요한 사무용품을 대량으로 주문하였다. 주문서는 메일로 보냈는데, 배송 온 사무용품을 확인하던 중 책꽂이의 수량과 연필꽂이의 수량이 바뀌어서 배송된 것을 알았다. 주문서를 보고 주문한 수량을 한 번 더 확인한 후 바로 문구회사에 전화를 하니 상담원은 처음 발주한 수량대로 제대로 보냈다고 한다. 메일을 확인해 보니 수정 전의 파일이 발송되었다.

① 문구회사는 주문서를 제대로 보지 못하였다.
② 주문서는 메일로 보내면 안 된다.
③ 메일에 자료를 첨부할 때는 꼼꼼히 확인하여야 한다.
④ 책꽂이는 환불을 받는다.

38 다음 중 업무의 특성에 대한 설명으로 적절하지 않은 것은?

① 업무는 궁극적으로 같은 목적을 지향하므로 통합되어야 한다.

② 개인이 선호하는 업무를 임의로 선택하기 어렵다.

③ 업무 간에는 서열성이 있어 순차적으로 이루어지기도 한다.

④ 조립, 생산 등의 업무는 자율적이고 재량권이 많다.

39 H사원은 회사 법인카드를 사용하여 부장 3명과 대리 2명의 제주 출장을 위해 왕복항공권을 구입하려고 한다. 다음은 항공사별 좌석에 따른 편도 비용에 대한 자료이다. 부장은 비즈니스석, 대리는 이코노미석을 이용한다고 할 때, 가장 저렴하게 항공권을 구입할 수 있는 항공사는 어디인가?(단, 모두 같은 항공사를 이용한다)

〈항공사별 좌석 편도 비용 현황〉

항공사	비즈니스석	이코노미석	비고
A항공사	120,000원	85,000원	–
B항공사	150,000원	95,000원	법인카드 사용 시 20% 할인
C항공사	150,000원	80,000원	왕복항공권 구매 시 10% 할인
D항공사	130,000원	75,000원	–

① A항공사   ② B항공사
③ C항공사   ④ D항공사

40 다음 중 조직구조의 형태에 대한 설명으로 옳지 않은 것은?

① 조직도를 통해 조직 내적인 구조는 확인할 수 있지만, 구성원들의 임무, 수행하는 과업, 근무 장소 등과 같이 일하는 방식과 관련된 체계는 알 수 없다.

② 대부분의 소규모조직은 CEO가 조직의 최상층에 있고, 조직구성원들이 단계적으로 배열되는 구조를 가지고 있다.

③ 안정적인 환경, 일상적인 기술, 조직의 내부 효율성을 중요시하며, 기업의 규모가 작을 때에는 업무의 내용이 유사하고 관련성이 있는 것들을 결합해서 기능적 조직구조 형태를 이룬다.

④ 급변하는 환경변화에 효과적으로 대응하고 제품·지역·고객별 차이에 신속하게 적응하기 위하여 분권화된 의사결정이 가능한 사업별 조직구조가 나타나게 되었다.

41 K마트는 2월 한 달간 이웃사랑 나눔 행사를 개최하고자 한다. 한 달 동안 K마트에서 상품을 구매한 모든 고객들에게 경품 응모권을 증정하여 추첨으로 고객들에게 소정의 사은품을 나누어 주는 행사이다. 행사에 필요한 예산을 중앙회에 요청하기 위해 다음과 같이 기획안을 작성하였을 때 필요한 총예산은 얼마인가? (단, 행사에 참여한 모든 고객들은 경품에 당첨된다)

<기획안>

- 행사제목 : K마트 2월 이웃사랑 나눔 행사
- 행사기간 : 2025년 2월 3일(월) ~ 2월 28일(금)
- 참여대상 : K마트에서 상품을 구매한 모든 고객
- 추첨방법 : 경품 응모권 추첨(3월 4일 화요일에 K마트 게시판에 당첨자 안내)
- 예상 참여인원 : 200명(전년 동월 방문고객 수 참고 인원)
- 경품내역

구분	경품내역
1등(2명)	K마트 상품권(10만 원)
2등(5명)	쌀(20kg)
3등(10명)	김치(5kg)
4등(15명)	라면(1Box)
5등(26명)	김(묶음)
6등(42명)	밀폐용기(세트)
7등(100명)	주방세제(세트)

- 구매상품별 단가

구분	상품권 (1장)	쌀 (20kg)	김치 (5kg)	라면 (1Box)	김 (묶음)	밀폐용기 (세트)	주방세제 (세트)
단가(원)	100,000	30,000	20,000	20,000	15,000	10,000	10,000

① 2,250,000원
② 2,300,000원
③ 2,660,000원
④ 3,200,000원

42 다음 〈보기〉의 대화 내용에서 가장 바르게 대답한 사람은?

> K사 : 안녕하세요. 다름이 아니라 현재 단가로는 더 이상 귀사에 납품하는 것이 어려울 것 같아 자재의 단가
> 를 조금 올리고 싶어서요. 이에 대해 어떻게 생각하시나요?
>
> 대답 : _____

〈보기〉

> A : 지난 달 자재의 불량률이 너무 높은데 단가를 더 낮춰야 할 것 같습니다.
> B : 저희도 이정도 가격은 꼭 받아야 해서요. 단가를 지금 이상 올려드리는 것은 불가능합니다.
> C : 불량률을 3% 아래로 낮춰서 납품해 주시면 단가를 조금 올리도록 하겠습니다.
> D : 단가를 올리면 저희 쪽에서 주문하는 수량이 줄어들 텐데, 귀사에서 괜찮을까요?

① A

② B

③ C

④ D

43 다음 중 A사원의 행동에서 나타나는 개념에 대한 설명으로 적절하지 않은 것은?

> K회사의 A사원은 이번 프로젝트를 기획을 보고 충격을 받았다. 임원들은 이 기획을 보고 괜찮다며 승인을
> 했지만 아무리 봐도 비효율적인 면이 너무 많기 때문이었다. 괜히 나서면 '할 말 다 하는 부하'나 '싸가지 없는
> 부하' 등의 평가를 받을까 봐 고민을 했지만 결국 직접 이 프로젝트 기획에 대한 문제점을 제기하고 대안책을
> 제시하였다. 임원들은 사원의 지적과 대안책을 보고 그 사원을 칭찬하였고, 대안책을 승인하였다.

① 리더십보다 중요한 가치이다.

② 조직의 목표를 추구하는 데 열정적이다.

③ 자발적으로 참여한다.

④ 대안 제시 능력이 중요한 요소이다.

44 K빌딩의 경비원 김씨와 이씨 중 김씨는 청력이 좋지 않아 특정 날씨 조건에 따라 '삼'과 '천'을 바꾸어 알아듣는다. 예를 들면 '301호'를 '천일호'라고, '1101호'를 '삼백일호'라고 알아듣는다. 빌딩 ○○호 직원은 전화 통화로 경비원에게 맡겨진 자신의 물건을 가져다 줄 것을 부탁하였다. 3월 1일에서 3월 7일까지의 상황이 다음과 같을 때, 경비원 김씨와 이씨가 7일간 301호와 1101호에 전달한 내용물은 무엇인가?

〈통화 내용〉

○○호 직원 : 여기 ○○호인데요, 관리실에 맡겨져 있는 △△(주인과 호수가 표시되어 있지 않음)을 저희 사무실에 갖다 주시면 고맙겠습니다.

경비원 : 알겠습니다.

〈상황〉

• 근무 일정 및 날씨

일자 / 날씨	3월 1일 / 종일 맑음	3월 2일 / 종일 비	3월 3일 / 종일 맑음	3월 4일 / 종일 맑음	3월 5일 / 종일 맑음	3월 6일 / 종일 흐림	3월 7일 / 종일 비
근무자	김씨	이씨	김씨	이씨	김씨	이씨	김씨
발신자	1101호 직원	1101호 직원	–	–	301호 직원	301호 직원	–
요청사항	천 묶음 전달	삼 묶음 전달	–	–	천백 원 봉투 전달	삼백 원 봉투 전달	–

• 김씨와 이씨는 1일씩 근무하고 밤 12시 정각에 교대한다.
• 경비실에는 상기 기간 동안 천 2묶음, 삼 2묶음, 천백 원 봉투 2개, 삼백 원 봉투 2개가 맡겨져 있다.
• 청력 상태
 – 김씨 : 날씨가 맑지 않으면 '삼'과 '천'을 바꾸어 알아듣는다.
 – 이씨 : 날씨에 아무런 영향을 받지 않고, 정상적으로 알아듣는다.
• 특이사항 : 이씨는 3월 2일에 전화받은 내용을 미처 실행에 옮기지 못하여 김씨에게 교대하기 10분 전에 "삼 묶음을 1101호에 내일 전달해 주세요."라고 말하였고, 김씨는 알아들었다고 했다.

	301호	1101호
①	천 묶음, 삼백 원 봉투, 천백 원 봉투	천 묶음
②	삼 묶음, 천 묶음	삼백 원 봉투, 천백 원 봉투
③	천 묶음, 삼백 원 봉투	천 묶음, 삼 묶음
④	삼백 원 봉투, 천백 원 봉투	천 묶음, 삼백 원 봉투

45 다음 글의 주장에 대한 반박으로 가장 적절한 것은?

인공 지능 면접은 더 많이 활용되어야 한다. 인공 지능을 활용한 면접은 인터넷에 접속하여 인공 지능과 문답하는 방식으로 진행되는데, 지원자는 시간과 공간에 구애받지 않고 면접에 참여할 수 있는 편리성이 있어 면접 기회가 확대된다. 또한 회사는 면접에 소요되는 인력을 줄여, 비용 절감 측면에서 경제성이 크다. 실제로 인공 지능을 면접에 활용한 K회사는 전년 대비 2억 원 정도의 비용을 절감했다. 그리고 기존 방식의 면접에서는 면접관의 주관이 개입될 가능성이 큰 데 반해, 인공 지능을 활용한 면접에서는 빅데이터를 바탕으로 한 일관된 평가 기준을 적용할 수 있다. 이러한 평가의 객관성 때문에 많은 회사들이 인공 지능 면접을 도입하는 추세이다.

① 빅데이터는 사회에서 형성된 정보가 축적된 결과물이므로 왜곡될 가능성이 적다.
② 인공 지능을 활용한 면접은 기술적으로 완벽하기 때문에 인간적 공감을 떨어뜨린다.
③ 회사 관리자 대상의 설문 조사에서 인공 지능을 활용한 면접을 신뢰한다는 비율이 높게 나온 것으로 보아 기존의 면접 방식보다 지원자의 잠재력을 판단하는 데 더 적합하다.
④ 회사의 특수성을 고려해 적합한 인재를 선발하려면 오히려 해당 분야의 경험이 축적된 면접관의 생각이나 견해가 면접 상황에서 중요한 판단 기준이 되어야 한다.

46 다음은 연도별 평균 기온 추이에 대한 자료이다. 이에 대한 설명으로 옳지 않은 것은?

〈연도별 평균 기온 추이〉

(단위 : ℃)

구분	2020년	2021년	2022년	2023년	2024년
연평균	13.3	12.9	12.5	12.4	12.4
봄	12.5	12.6	10.8	10.7	12.2
여름	23.7	23.3	24.9	24.0	24.7
가을	15.2	14.8	14.5	15.3	13.7
겨울	1.9	0.7	−0.4	−0.4	−1.0

① 2024년 봄의 평균 기온은 2022년보다 1.4℃ 상승했다.
② 2024년에 가을 평균 기온이 전년 대비 감소한 정도는 여름 평균 기온이 전년 대비 상승한 정도를 초과한다.
③ 연평균 기온은 2023년까지 감소하는 추이를 보이고 있다.
④ 가을의 평균 기온은 계속해서 감소하고 있다.

47 일본 도쿄에 있는 거래처에 방문한 K씨는 회사에서 삿포로에 위치한 거래처에도 다녀오라는 연락을 받았다. K씨가 선택할 수 있는 교통수단과 결정조건이 다음과 같을 때, K씨가 선택할 교통수단은?(단, 소수점 셋째 자리에서 반올림한다)

〈교통수단별 시간 및 요금〉

교통수단	종류	시간	편안함 계수	요금(원)
A	일반열차	10	5	50,000
B	일반열차	8	5	60,000
C	고속열차	6	7	80,000
D	고속열차	5	7	100,000

※ 편안함 계수 : 1 ~ 10까지의 숫자로 산정하며, 계수가 클수록 편안하다.

〈교통수단의 결정조건〉

- (결정조건계수)$=\dfrac{(편안함 계수)\times 700}{[(시간)\times 1{,}000]+[(요금)\times 0.5]}$
- 결정조건계수가 가장 큰 교통수단을 선택한다.

① A   ② B

③ C   ④ D

48 다음은 마이클 포터(Michael E. Porter)의 본원적 경쟁전략에 대한 설명이다. 다음 중 빈칸 ㉠~㉢에 들어갈 말을 바르게 연결한 것은?

본원적 경쟁전략은 해당 사업에서 경쟁우위를 확보하기 위한 전략으로 ____㉠____ 전략, ____㉡____ 전략, ____㉢____ 전략으로 구분된다. ____㉠____ 전략은 원가절감을 통해 해당 산업에서 우위를 점하는 전략으로, 이를 위해서는 대량생산을 통해 단위 원가를 낮추거나 새로운 생산기술을 개발할 필요가 있다. 여기에는 70년대 우리나라의 섬유업체나 신발업체, 가발업체 등이 미국시장에 진출할 때 취한 전략이 해당한다. ____㉡____ 전략은 조직이 생산품이나 서비스를 ____㉡____하여 고객에게 가치가 있고 독특하게 인식되도록 하는 전략이다. ____㉡____ 전략을 활용하기 위해서는 연구개발이나 광고를 통하여 기술, 품질, 서비스, 브랜드이미지를 개선할 필요가 있다. ____㉢____ 전략은 특정 시장이나 고객에게 한정된 전략으로, ____㉠____나 ____㉡____ 전략이 산업 전체를 대상으로 하는 데 비해 ____㉢____ 전략은 특정 산업을 대상으로 한다. 즉, ____㉢____ 전략에서는 경쟁 조직들이 소홀히 하고 있는 한정된 시장을 ____㉠____나 ____㉡____ 전략을 써서 집중적으로 공략하는 방법이다.

	㉠	㉡	㉢
①	원가우위	차별화	집중화
②	원가우위	집중화	차별화
③	차별화	집중화	원가우위
④	집중화	원가우위	차별화

49 다음 중 조직 목표의 기능과 특징으로 적절하지 않은 것은?

이대리 : 박부장님께서 우리 회사의 목표가 무엇인지 생각해 본 적 있냐고 하셨을 때 당황했어. 평소에 딱히 생각하고 지내지 않았던 것 같아.
김대리 : 응, 그러기 쉽지. 개인에게 목표가 있어야 그것을 위해서 무언가를 하는 것처럼 당연히 조직에도 목표가 있어야 하는데 조직에 속해 있으면 당연히 알아두어야 한다고 생각해.

① 조직이 존재하는 정당성을 제공한다.
② 의사 결정을 할 때뿐만 아니라 하고 나서의 기준으로도 작용한다.
③ 공식적 목표와 실제 목표는 다를 수 있다.
④ 동시에 여러 개를 추구하기보다 하나씩 순차적으로 처리해야 한다.

50 K공단에서 외국국적동포를 대상으로 외국인 취업교육을 실시하기 위한 지역을 조사하고 있다. 다음은 K공단에서 조사한 A ~ D후보지역에 대한 평가점수와 적합점수 가중치를 나타낸 자료이다. 이를 참고할 때 가장 적합한 지역은 어디인가?

〈지역별 조사 현황〉

구분	외국인 인구	지역 지원예산	선호도
A지역	20명	200만 원	48점
B지역	35명	220만 원	40점
C지역	16명	190만 원	45점
D지역	44명	280만 원	32점

〈외국인 인구 범위별 점수〉

10명 미만	20명 미만	30명 미만	30명 이상
20점	30점	40점	50점

〈지역 지원예산 금액별 점수〉

150만 원 이하	200만 원 이하	250만 원 이하	250만 원 초과
20점	30점	40점	50점

〈항목별 가중치〉

외국인 인구	지역 지원예산	선호도
50%	30%	20%

※ 가중치를 적용한 총점이 가장 높은 지역을 선정한다.

① A지역　　　　　　　　　　② B지역
③ C지역　　　　　　　　　　④ D지역

현재 나의 실력을 객관적으로 파악해 보자!

모바일 OMR
답안채점 / 성적분석 서비스

도서에 수록된 모의고사에 대한 객관적인 결과(정답률, 순위)를 종합적으로 분석하여 제공합니다.

OMR 입력

성적분석

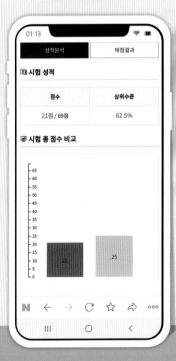

채점결과

※OMR 답안채점 / 성적분석 서비스는 등록 후 30일간 사용 가능합니다.

도서 내 모의고사 우측 상단에 위치한 QR코드 찍기 → 로그인 하기 → '시작하기' 클릭 → '응시하기' 클릭 → 나의 답안을 모바일 OMR 카드에 입력 → '성적분석 & 채점결과' 클릭 → 현재 내 실력 확인하기

2025
전면개정판

사이다 기출응용
모의고사 시리즈

사
이
다

사일 동안
이것만 풀면
다 합격!

누적 판매량
1위
기업별 NCS 시리즈

경기도 공공기관
통합채용 NCS
4회분 | 정답 및 해설

모바일 OMR
답안채점 / 성적분석
서비스
—
NCS
핵심이론 및
대표유형 PDF
—
[합격시대]
온라인 모의고사
무료쿠폰
—
무료
NCS
특강

SDC는 시대에듀 데이터 센터의 약자로 약 30만 개의 NCS · 적성 문제 데이터를 바탕으로 최신 출제경향을 반영하여 문제를 출제합니다.

편저 | SDC(Sidae Data Center)

시대에듀

기출응용 모의고사
정답 및 해설

1일 차 기출응용 모의고사 정답 및 해설

01	02	03	04	05	06	07	08	09	10
③	④	③	④	①	②	④	①	④	③
11	12	13	14	15	16	17	18	19	20
③	①	③	①	④	②	④	④	②	④
21	22	23	24	25	26	27	28	29	30
②	④	①	④	①	③	③	②	③	③
31	32	33	34	35	36	37	38	39	40
④	③	③	④	②	④	②	②	①	①
41	42	43	44	45	46	47	48	49	50
②	④	②	②	②	④	④	④	③	④

01   정답 ③

제시문에서는 서로 도움을 주고받는 기업과 정부의 관계에 대해 언급하면서 기업과 정부의 관계가 좋지 않으면 경제 역시 힘들어지므로 협력의 관계를 구축해야 한다고 주장한다. 따라서 제시문과 관련 있는 한자성어로는 '입술이 없으면 이가 시리다.'는 뜻으로, 서로 이해관계가 밀접한 사이에서 어느 한쪽이 망하면 다른 한쪽도 그 영향을 받아 온전하기 어려움을 의미하는 '순망치한(脣亡齒寒)'이 가장 적절하다.

오답분석
① 수복강녕(壽福康寧) : '오래 살고 복을 누리며 건강하고 평안함'을 뜻한다.
② 괄목상대(刮目相對) : '눈을 비비고 상대편을 본다.'는 뜻으로, 남의 학식이나 재주가 놀랄 만큼 부쩍 늚을 이르는 말이다.
④ 호사다마(好事多魔) : '좋은 일에는 방해가 되는 일이 많음'을 뜻한다.

02   정답 ④

제시문은 조선 왕들의 모습을 이야기하고 있다. 그리고 각기 다른 시대 배경 속에서 백성들과 함께 국가를 이끌어 갈 임무를 부여받았던 전통사회의 왕들에게 필요한 덕목들은 오늘날에도 여전히 유효하다고 설명하고 있다. 따라서 빈칸에 들어갈 내용으로는 ④가 가장 적절하다.

03   정답 ③

제시문은 소금이 우리 몸에 미치는 영향에 대해서 설명하고 있다. 소금은 인체에서 신경 신호를 전달하며, 체액 농도를 유지하게 하고 소화기능을 돕는 등 다양한 역할을 하고 있다. 따라서 제시문의 주제로 가장 적절한 것은 ③이다.

04   정답 ④

나트륨은 매일 장으로 배출된 약 $9L$의 물을 다시 흡수하는 역할을 한다고 하였으므로 적절하지 않다.

05   정답 ①

제시문에서는 인간의 생각과 말은 깊은 관계를 가지고 있으며, 생각이 말보다 범위가 넓고 큰 것은 맞지만 그것을 말로 표현하지 않으면 그 생각이 다른 사람에게 전달되지 않는다고 주장한다. 즉, 생각은 말을 통해서만 다른 사람에게 전달될 수 있다는 것이다. 따라서 이러한 주장에 대한 반박으로는 ①이 가장 적절하다.

06   정답 ②

제시된 문장에서 '본디보다 더 길어지게 하다.'라는 의미로 쓰였으므로 '늘이다'로 쓰는 것이 옳다.

오답분석
① 바램 → 바람
③ 알맞는 → 알맞은
④ 담구니 → 담그니

07   정답 ④

(라)의 앞 문단에서는 정보와 지식이 커뮤니케이션 속에서 살아 움직이며 진화함을 말하고 있다. 따라서 정보의 순환 속에서 새로운 정보로 거듭나는 역동성의 사례로 보기의 내용이 이어질 수 있다. 한 나라의 관광 안내 책자 속 정보에서 소비자들에 의해 오류가 수정되고 개정되는 것이 정보와 지식이 커뮤니케이션 속에서 새로운 정보로 거듭남을 잘 나타내고 있기 때문이다.

08
정답 ①

제시문은 융의 실험을 통해 심리학에서의 연구 방법에 대해 다루고 있다. 따라서 (가) 대상이 되는 연구 방법의 진행 과정과 그 한계 – (마) 융이 기존의 연구 방법에 추가한 과정을 소개 – (라) 기존 연구자들이 간과했던 새로운 사실을 찾아낸 융의 실험의 의의 – (나) 융의 실험을 통해 새롭게 드러난 결과 분석 – (다) 새롭게 드러난 심리적 개념을 정의한 융의 사상 체계에서의 핵심적 요소에 대한 설명의 순으로 나열하는 것이 적절하다.

09
정답 ④

제시문에서는 우리말과 영어의 어순 차이에 대해 설명하면서 우리말에서 주어 다음에 목적어가 오는 것은 '나의 의사보다 상대방에 대한 관심을 먼저 보이는 우리의 문화'에서 기인한 것이라고 언급하고 있다. 그리고 '나의 의사를 밝히는 것이 먼저인 영어를 사용하는 사람들의 문화'라는 내용으로 볼 때, 상대방에 대한 관심보다 나의 생각을 우선시하는 것은 영어의 문장 표현이다.

10
정답 ③

ⓒ의 앞에 있는 문장과 ⓒ을 포함한 문장은 여름철 감기 예방법을 설명하고 있다. 따라서 나열의 의미를 나타내는 부사 '또한'이 적절하다. '그러므로'는 인과 관계를 나타내므로 적절하지 않다.

오답분석

① ㉠을 포함한 문단은 여름철 감기에 걸리는 원인을 설명하고 있다. 따라서 ㉠은 글의 통일성을 해치므로 삭제해야 한다.
② ㉡의 '노출되어지다'의 형태소를 분석하면 '노출'이라는 어근에 '-되다'와 '지다'가 결합한 것이다. 여기서 '-되다'는 피동의 뜻을 더하고 동사를 만드는 접미사이다. '지다'는 동사 뒤에서 '-어지다' 구성으로 쓰여 남의 힘에 의해 앞말이 뜻하는 행동을 입음을 나타내는 보조 동사이다. 따라서 피동 표현이 중복된 것이므로 '노출되는'으로 고쳐야 한다.
④ ㉣에서 '하다'의 목적어는 '기침'이며, '열'을 목적어로 하는 동사가 없다. '하다'라는 동사 하나에 목적어 두 개가 연결된 것인데, '열을 한다.'는 의미가 성립되지 않는다. 따라서 '열이 나거나 기침을 할 때는'으로 고쳐야 한다.

11
정답 ③

출발지에서 목적지까지 거리를 $x$km라고 하면 다음과 같다.

• 목적지까지 가는 데 걸리는 시간 : $\dfrac{x}{80}$ 시간

• 목적지에서 돌아오는 데 걸리는 시간 : $\dfrac{x}{120}$ 시간

$\dfrac{x}{80} + \dfrac{x}{120} \leq 1$

$\rightarrow 5x \leq 240$

$\therefore x \leq 48$

따라서 최대 48km 떨어져 있어야 한다.

12
정답 ①

제시된 수열은 홀수 항은 $+10$, 짝수 항은 $\div 6$의 규칙을 가지는 수열이다. 따라서 빈칸에 들어갈 수는 $36 \div 6 = 6$이다.

13
정답 ③

G와 B의 자리를 먼저 고정하고, 양 끝에 앉을 수 없는 A의 위치를 토대로 경우의 수를 계산하면 다음과 같다.

• G가 가운데에 앉고, B가 G의 바로 왼쪽에 앉는 경우의 수

	A	B	G		
		B	G	A	
		B	G		A

$3 \times 4! = 72$가지

• G가 가운데에 앉고, B가 G의 바로 오른쪽에 앉는 경우의 수

	A		G	B	
		A	G	B	
		G	B		A

$3 \times 4! = 72$가지

따라서 조건과 같이 앉을 때 가능한 경우의 수는 $72 + 72 = 144$가지이다.

14
정답 ①

A팀의 평균은 C팀의 평균보다 3초 짧고, B팀의 평균은 D팀의 평균보다 2초 길다. 이를 토대로 각 팀의 평균을 구하면 다음과 같다.

• A팀 : $45 - 3 = 42$초
• B팀 : $44 + 2 = 46$초
• C팀 : $\dfrac{51 + 30 + 46 + 45 + 53}{5} = 45$초
• D팀 : $\dfrac{36 + 50 + 40 + 52 + 42}{5} = 44$초

A팀 4번 선수의 기록을 a초, B팀 2번 선수의 기록을 b초라 하자. A팀 4번 선수의 기록을 구하면 다음과 같다.

$\dfrac{32 + 46 + 42 + a + 42}{5} = 42$

$\rightarrow a + 162 = 210$

$\therefore a = 48$

B팀의 2번 선수의 기록을 구하면 다음과 같다.

$\dfrac{48 + b + 36 + 53 + 55}{5} = 46$

$\rightarrow b + 192 = 230$

$\therefore b = 38$

따라서 두 선수의 평균 기록은 $\dfrac{48 + 38}{2} = 43$초이다.

15　　　　　　　　　　　　　　　　　정답 ④

두 본부 전 직원 중에서 성별 찬성 인원의 차이는 $(180+120)-(156+96)=48$명이며, 본부별 찬성 인원의 차이는 $(180+156)-(120+96)=120$명이다. 따라서 본부별 찬성 인원의 차이가 더 크다.

오답분석

① 두 본부의 남직원 중 휴게실 확충에 찬성하는 인원의 비율은 $\dfrac{156+96}{400}\times100=63\%$이므로 옳은 설명이다.

② 각 본부의 여직원 중 A본부 여직원의 찬성 비율은 $\dfrac{180}{200}\times100=90\%$이고, B본부 여직원의 찬성 비율은 $\dfrac{120}{200}\times100=60\%$이므로 A본부 여직원의 찬성 비율이 B본부 여직원의 찬성 비율보다 1.5배 높다.

③ B본부 전 직원 중 여직원의 찬성 비율은 $\dfrac{120}{400}\times100=30\%$이고, 남직원의 찬성 비율은 $\dfrac{96}{400}\times100=24\%$이므로 B본부 전 직원 중 여직원의 찬성 비율이 남직원의 찬성 비율보다 1.25배 높다.

16　　　　　　　　　　　　　　　　　정답 ②

전체 일의 양을 1이라고 하자. A기계가 한 시간 동안 작업할 수 있는 일의 양은 $\dfrac{1}{12}$이고, B기계가 한 시간 동안 작업할 수 있는 일의 양은 $\dfrac{1}{18}$이다. 이미 절반의 작업이 진행되었으므로 남은 일의 양은 $\dfrac{1}{2}$이고, A기계로 4시간 동안 작업을 진행했으므로 다음 식이 성립한다.

$\dfrac{1}{12}\times4+\left(\dfrac{1}{12}+\dfrac{1}{18}\right)x=\dfrac{1}{2}$

$\rightarrow 12+(3+2)x=18$

$\rightarrow 5x=6$

$\therefore x=\dfrac{6}{5}$

따라서 작업을 완료하는 데 소요되는 총시간은 4시간($\because$ A기계 작업시간)+1시간 12분=5시간 12분이다.

17　　　　　　　　　　　　　　　　　정답 ④

십의 자리 수를 x, 일의 자리 수를 y라고 하면 다음과 같은 식이 성립한다.

$10x+y=(x+y)\times8 \rightarrow 2x-7y=0 \cdots \bigcirc$

$10x+y=x+10y+45 \rightarrow x-y=5 \cdots \bigcirc\!\!\!\bigcirc$

따라서 ㉠, ㉡을 연립하면 $x=7$, $y=2$이며, 두 자리 자연수는 72가 된다.

18　　　　　　　　　　　　　　　　　정답 ④

ㄴ. 건설 부문의 도시가스 소비량은 2023년 1,808TOE, 2024년 2,796TOE로, 2024년의 전년 대비 증가율은 $\dfrac{2,796-1,808}{1,808}\times100 ≒ 54.6\%$이다.

ㄷ. 2024년 온실가스 배출량 중 간접 배출이 차지하는 비중은 $\dfrac{28,443}{35,638}\times100 ≒ 79.8\%$이고, 2023년 온실가스 배출량 중 고정 연소가 차지하는 비중은 $\dfrac{4,052}{30,823}\times100 ≒ 13.1\%$이다. 그 5배는 $13.1\times5=65.5\%$로, 2024년 온실가스 배출량 중 간접 배출이 차지하는 비중인 79.8%보다 작으므로 옳은 설명이다.

오답분석

ㄱ. 에너지 소비량 중 이동 부문에서 경유가 차지하는 비중은 2023년이 $\dfrac{196}{424}\times100 ≒ 46.2\%$이고, 2024년이 $\dfrac{179}{413}\times100 ≒ 43.3\%$로, 전년 대비 $46.2-43.3=2.9\%p$ 감소하였으므로 옳지 않은 설명이다.

19　　　　　　　　　　　　　　　　　정답 ②

두 소금물을 합하면 소금물의 양은 800g이다. 이 소금물의 증발량을 xg이라고 하면 다음 식이 성립한다.

$\dfrac{(300\times0.07)+(500\times0.08)}{800-x}\times100 \geq 10$

$\rightarrow (21+40)\times10 \geq 800-x$

$\rightarrow x \geq 800-610$

$\therefore x \geq 190$

따라서 800g의 소금물에서 물 190g 이상을 증발시켜야 농도 10% 이상인 소금물을 얻을 수 있다.

20　　　　　　　　　　　　　　　　　정답 ④

2021년 강수량의 총합은 1,529.7mm이고, 2022년 강수량의 총합은 1,122.7mm이다. 따라서 2022년 강수량의 전년 대비 변화를 구하면 $1,529.7-1,122.7=407$mm로 가장 변화량이 크다.

오답분석

① 조사기간 내 가을철 평균 강수량은 $\dfrac{1,919.9}{8} ≒ 240$mm이다.

② 여름철 강수량이 두 번째로 높았던 해는 2021년이다. 2021년의 가을·겨울철 강수량의 합은 502.6mm이고, 봄철 강수량은 256.5mm이다. 따라서 $256.5\times2=513$mm이므로 봄철 강수량의 2배 미만이다.

③ 강수량이 제일 낮은 해는 2024년이지만, 가뭄의 기준이 제시되지 않았으므로 알 수 없다.

21 정답 ②

초고령화 사회는 실버산업(기업)의 외부 환경 요소로 볼 수 있으므로, 기회 요인으로 보는 것이 적절하다.

오답분석

① 제품의 우수한 품질은 기업의 내부 환경 요소로 볼 수 있으므로, 강점 요인으로 보는 것이 적절하다.
③ 기업의 비효율적인 업무 프로세스는 기업의 내부 환경 요소로 볼 수 있으므로, 약점 요인으로 보는 것이 적절하다.
④ 살균제 달걀 논란은 빵집(기업)의 외부 환경 요소로 볼 수 있으므로, 위협 요인으로 보는 것이 적절하다.

22 정답 ④

스마트OTP는 금융거래에서 정보보안을 강화하는 데 주목적이 있다. 따라서 보안과 관련된 전략 과제에 적절한 실행방안이 된다. 그러나 문제에서 제시된 전략 과제 중에는 보안과 관련된 것은 없으므로 적절하지 않다.

오답분석

① '모바일 뱅킹 서비스 친숙도 증대'의 실행방안으로 적절하다.
② '최초 접근 채널 다양화'의 실행방안으로 적절하다.
③ '이용단계 간소화 및 오류 제거'의 실행방안으로 적절하다.

23 정답 ①

두 빵집은 서로의 결정에 대해 알 수 없으므로 각자 최고의 이익을 얻을 수 있는 최선의 선택을 할 것이다. 따라서 A빵집과 B빵집 모두 가격을 인하할 가능성이 높다.

24 정답 ④

예산이 가장 많이 드는 B사업과 E사업은 사업기간이 3년이므로, 최소 1년은 겹쳐야 한다. 이를 바탕으로 다음과 같이 정리할 수 있다.

(단위 : 조 원)

연도 사업명	1차 20	2차 24	3차 28.8	4차 34.5	5차 41.5
A	–	1	4	–	–
B	–	15	18	21	–
C	–	–	–	–	15
D	15	8	–	–	–
E	–	–	6	12	24
소요예산 합계	15	24	28	33	39

따라서 D사업을 1차 연도에 시작해야 한다.

25 정답 ①

제시된 조건을 논리 기호화하면 다음과 같다.
• B → ~E
• ~B and ~E → D
• A → B or D
• C → ~D
• C → A

C가 워크숍에 참석하는 경우 D는 참석하지 않으며, A는 참석한다. A가 워크숍에 참석하면 B 또는 D 중 한 명이 함께 참석하므로 B가 A와 함께 참석한다. 또한 B가 워크숍에 참석하면 E는 참석하지 않으므로 워크숍에 참석하는 직원은 A, B, C이다.

26 정답 ③

조건에 따라 경우의 수를 정리하면 다음과 같다.

구분	1	2	3	4	5
경우 1	호른	클라리넷	플루트	오보에	바순
경우 2	클라리넷	플루트	오보에	바순	호른
경우 3	호른	바순	클라리넷	플루트	오보에
경우 4	오보에	플루트	클라리넷	호른	바순
경우 5	오보에	플루트	클라리넷	바순	호른
경우 6	호른	바순	오보에	플루트	클라리넷

따라서 오보에는 2번 자리에 놓일 수 없다.

오답분석

① 첫 번째 경우를 보면 플루트는 3번 자리에 올 수 있다.
② 여섯 번째 경우를 보면 클라리넷은 5번 자리에 올 수 있다.
④ 위의 표를 보면 알 수 있다.

27 정답 ③

가습기 → ㅈㅊ
전북 → ㄱ
2024년 → a
예약 → 04
설치 → 14

오답분석

① ㅈㅊㄱa0514 → 가습기, 전북, 2024년, 교환, 설치
② ㅈㅊㄴa0414 → 가습기, 경북, 2024년, 예약, 설치
④ ㅈㅊㄱe0414 → 가습기, 전북, 2020년, 예약, 설치

28 정답 ②

접수 현황을 정리하면 다음과 같다.

ㅅㅇㅔb02	ㄷ라ㅏe15	ㅅㅇㅗc15	ㅁㅂㅣb0511
냉장고, 경기, 2023년, 질문	TV, 서울, 2020년, 기타	냉장고, 경북, 2022년, 기타	컴퓨터, 강원, 2023년, 교환, 수리
ㄱㄷㅜa03	ㅅㅇㅣb1214	ㅈㅊㅔa02	ㄱㄴㄴc03
ㄱㄷ 없음 잘못된 접수	냉장고, 강원, 2023년, 방문, 설치	가습기, 경기, 2024년, 질문	스마트폰, 경북, 2022년, 불만
ㄷㄹㅣa0103	ㅁㅂㅓd0405	ㄱㄴㄴd0013	ㅅㅇㅏa14
TV, 강원, 2024년, 환불, 불만	컴퓨터, 경기, 2021년, 예약, 교환	00 없음 잘못된 접수	냉장고, 서울, 2024년, 설치

따라서 잘못된 접수는 2개이다.

29 정답 ③

2번 이상 접수된 문의내용은 질문, 기타, 교환, 설치, 불만으로 총 5개이다. 반면, 수리, 방문, 환불, 예약은 1번 접수되었으며, 반송은 접수되지 않았다.

30 정답 ③

- (가) : 부산에서 서울로 가는 버스터미널은 2곳이므로 바르게 안내해 주었다.
- (다) : 소요 시간을 고려하여 도착시간에 맞게 출발하는 버스 시간을 바르게 안내해 주었다.
- (라) : 도로 교통 상황에 따라 소요 시간에 차이가 있다는 사실을 바르게 안내해 주었다.

오답분석

- (나) : 고객의 집은 부산 동부 터미널이 가깝다고 하였으므로 출발해야 되는 시간 등을 물어 부산 동부 터미널에 적당한 차량이 있는지 확인하고, 없을 경우 부산 터미널을 권유해야 한다. 단지 배차간격이 많다는 이유만으로 부산 터미널을 이용하라고 안내하는 것은 옳지 않다.
- (마) : 우등 운행요금만 안내해 주었고, 일반 운행요금에 대한 안내를 하지 않았다.

31 정답 ④

선정방식에 따라 업체별 경영건전성 점수, 시공실적 점수, 전력절감 점수, 친환경 점수를 합산한 값의 평균에 가점을 가산하여 최종점수를 구하면 다음과 같다.

(단위 : 점)

구분	A업체	B업체	C업체	D업체
경영건전성 점수	85	91	79	88
시공실적 점수	79	82	81	71
전력절감 점수	71	74	72	77
친환경 점수	88	75	85	89
평균	80.75	80.5	79.25	81.25
가점	수상 2점	무사고 1점, 수상 2점	입찰가격 2점	무사고 1점, 입찰가격 2점
최종점수	82.75	83.5	81.25	84.25

따라서 선정될 업체는 최종점수가 84.25점으로 가장 높은 D업체이다.

32 정답 ③

밴쿠버 지사에 메일이 도착한 밴쿠버 현지 시각은 4월 22일 오전 12시 15분이지만, 업무 시간이 아니므로 메일을 읽을 수 없다. 따라서 밴쿠버 지사에서 가장 빠르게 읽을 수 있는 시각은 전력 점검이 끝난 4월 22일 오전 10시 15분이다. 모스크바는 밴쿠버와 10시간의 시차가 있으므로 이때의 모스크바 현지 시각은 4월 22일 오후 8시 15분이다.

33 정답 ④

- (나) : 국내에서 파견할 근로자들을 선발하고, 현지 업체를 통해 현지 근로자들을 고용하는 것은 교량 건설을 위한 '이용 가능한 자원 수집하기' 단계에 해당한다.
- (라) : 기존 계획을 필요에 따라 수정하기도 하면서 교량 건설 계획을 시행하는 것은 '계획대로 수행하기' 단계에 해당한다. 실제 사업 환경에는 가변적인 요소가 많으므로 필요에 따라 적절히 계획을 수정하는 것이 바람직하다.

오답분석

- (가) : 근로자들의 순환 일정 및 공정 진행에 따른 설비 투입 계획을 세우는 것은 '자원 활용 계획 세우기' 단계에 해당한다.
- (다) : 교량 건설에 필요한 자재 및 인력을 동원하기 위한 비용을 조사하는 것은 '필요한 자원의 종류와 양 확인하기' 단계에 해당한다.

34 정답 ④

계획을 세울 때 흔히 저지르기 쉬운 실수 중 하나는 계획을 세우는 데 너무 많은 시간을 소비하는 것이다. 계획은 완벽히 세우기 어렵고 설사 완벽하게 세웠더라도 실천하지 못하면 무용지물이다. 따라서 계획이 완벽해야 한다는 부담감을 버리고 실제로 실행하면서 수정될 수 있음을 염두에 두는 것이 좋다.

35
정답 ②

ⓐ 다음 주에 상부에 보고해야 하는 업무는 중요하지만, 아직 시간이 조금 남아있는 상태이므로 긴급한 업무는 아니다. 그러므로 제2사분면에 위치하는 것이 가장 적절하다.
ⓑ 고객이 당장 오늘 내로 문제 해결 방법을 알려달라는 강한 불만을 제기했으므로 긴급하면서도 중요한 문제이다. 그러므로 제1사분면에 위치하는 것이 가장 적절하다.
ⓒ 친구와의 약속은 업무에서 중요하지 않고 긴급한 일이 아니다. 그러므로 제4사분면에 위치하는 것이 가장 적절하다.

36
정답 ②

• 양면 스캔 가능 여부 : Q, T, G스캐너
• 카드 크기부터 계약서 크기까지 스캔 지원 : G스캐너
• 50매 이상 연속 스캔 가능 여부 : Q, G스캐너
• A/S 1년 이상 보장 : Q, T, G스캐너
• 예산 4,200,000원까지 가능 : Q, T, G스캐너
• 기울기 자동 보정 여부 : Q, T, G스캐너
따라서 구매할 스캐너의 순위는 G스캐너 − Q스캐너 − T스캐너이다.

37
정답 ④

36번 문제에서 순위가 가장 높은 스캐너는 G스캐너이다. G스캐너의 스캔 속도는 80장/분이기 때문에 80장을 스캔할 때는 $\frac{80}{80}$ =1분=60초, 240장은 $\frac{240}{80}$ =3분=180초, 480장은 $\frac{480}{80}$ =6분 =360초가 걸린다.

38
정답 ②

K씨가 구매한 게임기는 미국에 납부한 세금 및 미국 내 운송료가 없고, 미국에서 한국까지의 운송료는 국제선편 요금을 적용하므로 판매자에게 지급한 물품가격을 원화로 환산한 뒤 해당 국제선편 요금을 더해 과세표준을 구한다.
• 게임기의 원화 환산 가격 : 120×1,100=132,000원(∵ 고시환율)
• 국제선편요금 : 10,000원
  ∴ 과세표준 : 132,000+10,000=142,000원
즉, 과세표준이 15만 원 미만이고 개인이 사용할 목적으로 수입했기 때문에 관세는 면제된다. 따라서 K씨가 게임기 구매로 지출한 원화금액은 (120+35)×1,200=186,000원이다.

39
정답 ①

• 1,000kg 기준 총요금
  − A : 3,000+(200×1,000)+1,000+(2,500×450)
    =1,329,000원
  − B : 2,000+(150×1,000)+1,500+(3,500×350)
    =1,378,500원
  − C : 2,500+(150×1,000)+1,500+(5,000×250)
    =1,404,000원
  − D : 1,000+(200×1,000)+2,500+(3,000×400)
    =1,403,500원
  − E : 0+(200×1,000)+2,000+(6,000×200)
    =1,402,000원
  따라서 A가 가장 저렴하다.
• 2,000kg 기준 총요금
  앞의 1,000kg 기준 총요금에서 늘어난 1,000kg에 대한 요금만 추가하여 계산한다.
  − A : 1,329,000+(1,000×200)=1,529,000원
  − B : 1,378,500+(1,000×150)=1,528,500원
  − C : 1,404,000+(1,000×150)=1,554,000원
  − D : 1,403,500+(1,000×200)=1,603,500원
  − E : 1,402,000+(1,000×200)=1,602,000원
  따라서 B가 가장 저렴하다.

40
정답 ①

물품의 분실이란 실질적으로 분실하여 다시 구입해야 하는 경제적 손실을 의미하는 것으로, A씨의 경우 물건이 집에 있지만 찾지 못하는 경우에 해당하므로 분실로 보기는 어렵다.

오답분석
② A씨는 물건을 아무렇게나 보관하였기 때문에 그 보관 장소를 파악하지 못해 다시 그 물건이 필요하게 된 상황임에도 찾는 데 어려움을 겪고 그만큼 시간도 지체하였다.
③ A씨가 커피머신을 제대로 보관하지 않았기 때문에 그로 인해 물품이 훼손되는 경우가 발생하였다.
④ A씨는 물품을 정리하였다기보다 창고에 쌓아 두었으므로 이는 정리하지 않고 보관한 경우로 볼 수 있다.

41
정답 ②

K사는 기존에 수행하지 않던 해외 판매 업무가 추가될 것이므로 그에 따른 해외영업팀 등의 신설 조직이 필요하게 된다. 해외에 공장 등의 조직을 보유하게 됨으로써 이를 관리하는 해외관리팀이 필요할 것이며, 물품의 수출에 따른 통관 업무를 담당하는 통관물류팀, 외화 대금 수취 및 해외 조직으로부터의 자금 이동 관련 업무를 담당할 외환업무팀 등이 필요하게 된다. 반면 기업회계팀은 K사의 해외 사업과 상관없이 기존 회계를 담당하는 조직이라고 볼 수 있다.

42
정답 ④

제시된 시장 조사 결과 보고서를 보면 소비자의 건강에 대한 관심 증대로 기능을 중시하며, 취급 점포를 체계적으로 관리해야 하고, 상품의 가격을 조절해야 할 필요성이 나타나고 있다. 따라서 ㄴ과 ㄹ의 마케팅 전략을 구사하는 것이 적절하다.

43
정답 ②

ㄴ · ㄹ. 전략과 구조 측면의 변화에 해당한다.

오답분석

ㄱ. 제품 및 서비스 측면의 변화에 해당한다.
ㄷ. 기술 측면의 변화에 해당한다.
ㅁ. 문화 측면의 변화에 해당한다.

44
정답 ②

민츠버그의 경영자 역할
- 대인적 역할 : 상징자 혹은 지도자로서 대외적으로 조직을 대표하고, 대내적으로 조직을 이끄는 리더의 역할을 의미한다.
- 정보적 역할 : 조직을 둘러싼 외부 환경의 변화를 모니터링하고, 이를 조직에 전달하는 정보전달자의 역할을 의미한다.
- 의사결정적 역할 : 조직 내 문제를 해결하고 대외적 협상을 주도하는 협상가, 분쟁조정자, 자원배분자의 역할을 의미한다.

45
정답 ②

업무의 종류, 성격, 범위를 명확하게 하고 구분하는 기준에 따라 나눈다.

46
정답 ④

ㄱ. 세계화는 조직구성원들의 근무환경 등 개인의 삶에도 직 · 간 접적으로 영향을 주므로 구성원은 의식 및 태도, 지식습득 에 있어서 적응이 필요하다. 따라서 기업의 대외적 경영 측면 뿐 아니라 대내적 관리에도 영향을 준다.
ㄷ. 이문화 이해는 언어적 소통 및 비언어적 소통, 문화, 정서의 이해를 모두 포괄하는 개념이다. 따라서 이문화 이해가 언어 적 소통만을 가리키는 것은 아니다.
ㄹ. 문화란 장시간에 걸쳐 무의식적으로 형성되는 영역으로, 단기 간에 외국문화를 이해하는 것은 한계가 있기 때문에 지속적인 학습과 노력이 요구된다.

오답분석

ㄴ. 대상국가의 법규 및 제도 역시 기업이 적응해야 할 경영환경 이다.

47
정답 ④

경영계획에 따라 경영실행이 이루어지는 경영실행의 단계에서는 조직 목적을 달성하기 위한 활동을 수행하고 조직구성원을 관리한 다. 따라서 조직구성원 관리는 경영평가의 단계가 아닌 경영실행 의 단계에서 이루어진다.

48
정답 ④

경영은 경영목적, 인적자원, 자금, 전략의 4요소로 구성된다. 경 영목적은 조직의 목적을 달성하기 위해 경영자가 수립하는 것으 로, 보다 구체적인 방법과 과정이 담겨 있다. 인적자원은 조직에서 일하는 구성원으로, 경영은 이들의 직무수행에 기초하여 이루어 지기 때문에 인적자원의 배치 및 활용이 중요하다. 자금은 경영을 하는 데 사용할 수 있는 돈으로, 자금이 확보되는 정도에 따라 경 영의 방향과 범위가 정해지게 된다. 경영전략은 조직이 변화하는 환경에 적응하기 위하여 경영활동을 체계화하는 것으로, 목표달 성을 위한 수단이다. 경영전략은 조직의 목적에 따라 전략 목표를 설정하고 조직의 내 · 외부 환경을 분석하여 도출한다.

49
정답 ③

가장 먼저 처리해야 할 일은 오늘 점심에 있는 중요한 미팅으로 인해 오후 미팅을 연기하는 것이다. 따라서 대화가 끝난 후 바로 오후 미팅 시간을 변경해야 한다.

50
정답 ④

회의에는 경영팀, 회계팀, 인사팀, 영업팀에서 각 2명씩 8명과 대 화중인 기획팀 2명, 그리고 회의 진행을 맡은 전략팀 D대리까지 총 11명이 참여한다.

2일 차 기출응용 모의고사 정답 및 해설

01	02	03	04	05	06	07	08	09	10
④	②	②	④	④	①	④	③	②	③
11	12	13	14	15	16	17	18	19	20
②	②	④	④	③	②	①	③	④	②
21	22	23	24	25	26	27	28	29	30
④	③	③	①	①	②	①	④	③	②
31	32	33	34	35	36	37	38	39	40
③	③	①	③	③	①	①	④	③	④
41	42	43	44	45	46	47	48	49	50
④	④	④	③	①	③	②	④	②	②

01 정답 ④

공유경제는 소유권(Ownership)보다는 접근권(Accessibility)에 기반을 둔 경제모델로, 개인이나 기업들이 소유한 물적·금전적·지적 자산에 대한 접근권을 온라인 플랫폼을 통해 거래하는 것이다. 따라서 자신이 타던 자동차를 판매하는 것은 제품에 대한 접근권이 아닌 소유권을 거래하는 것이므로 이를 공유경제의 일환으로 볼 수 없다.

02 정답 ②

제시문에서는 '노블레스 오블리주'의 개념을 정의한 후, 이러한 지도층의 도덕적 의무감을 특히 중요시하는 이유는 지도층이 도덕적 지표가 되어 건전한 사회를 만드는 데 효과적으로 기여하기 때문이라고 설명하고 있다. 따라서 제시문의 중심 내용으로는 ②가 가장 적절하다.

03 정답 ②

마지막 문단에서 미래 사회의 모습은 생활양식과 가족 구조의 급격한 변화로 인해 사람들의 가치관이 달라져 현재까지 유지되고 있는 전통적 성 역할 규범이 골동품이 될 것이라고 하였다. 따라서 전통적 성 역할 규범이 꾸준히 생활양식과 가족 구조에 큰 영향을 준다는 것은 적절하지 않다.

04 정답 ④

제시문은 남성과 여성에 대한 편견과 그에 근거한 성차별이 사회의 구성원에게 어떠한 영향을 미치는지에 대해 설명하고, 그에 따른 부작용과 해결 방안에 대해 서술하고 있다. 따라서 제시문의 제목으로는 ④가 가장 적절하다.

05 정답 ④

'먹고 난 뒤의 그릇을 씻어 정리하는 일'을 뜻하는 어휘는 '설거지'이다.

오답분석

① ~로서 : 지위나 신분 또는 자격을 나타내는 격조사
② 왠지 : 왜 그런지 모르게. 또는 뚜렷한 이유도 없이
③ 드러나다 : 가려져 있거나 보이지 않던 것이 보이게 됨

06 정답 ①

제시문에 따르면 우리는 작품을 감상할 때 작품이 지닌 의미보다 작품의 맥락과 내용에 대한 지식에 의존한다. 따라서 빈칸에는 '의미가 중요하다'는 내용이 들어가야 한다.

07 정답 ④

제시문에서는 농담 같았던 선생님의 이야기들이 사회에서 필요한 것이었음을 설명하고 있다. 따라서 제시문과 관련 있는 한자성어로는 '말 속에 뼈가 있다.'는 뜻으로, 예사로운 말 속에 단단한 속뜻이 들어 있음을 이르는 말인 '언중유골(言中有骨)'이 가장 적절하다.

오답분석

① 오비이락(烏飛梨落) : '까마귀 날자 배 떨어진다.'는 뜻으로, 아무 관계도 없이 한 일이 공교롭게도 때가 같아 억울하게 의심을 받거나 난처한 위치에 서게 됨을 이르는 말이다.
② 중언부언(重言復言) : 이미 한 말을 자꾸 되풀이함 또는 그런 말을 의미한다.
③ 탁상공론(卓上空論) : 현실성이 없는 허황한 이론이나 논의를 의미하는 말이다.

08

헤겔은 국가를 사회 문제를 해결하고 공적 질서를 확립할 최종 주체로 설정했고, 뒤르켐은 사익을 조정하고 공익과 공동체적 연대를 실현할 도덕적 개인주의의 규범에 주목하면서, 이를 수행할 주체로서 직업 단체의 역할을 강조하였다. 즉, 직업 단체가 정치적 중간 집단으로서 구성원의 이해관계를 국가에 전달하는 한편 국가를 견제해야 한다고 보았다.

오답분석
① 뒤르켐이 주장하는 직업 단체는 정치적 중간 집단의 역할을 통해 빈곤과 계급 갈등의 해결을 수행할 주체이다.
②·④ 헤겔의 주장이다.

09

정답 ②

제시문은 문화재 가운데 가장 가치 있는 것으로 평가받는 국보에 대하여 설명하는 글이다. 따라서 (가) 문화재의 종류와 국보에 대한 설명 – (다) 국보의 선정 기준 – (나) 국보 선정 기준으로 선발된 문화재의 종류 – (라) 국보 선정 기준으로 선발된 문화재가 지니는 의미의 순서로 나열해야 한다.

10

정답 ③

제시문에서 실재론은 세계가 정신과 독립적으로 존재함을, 반실재론은 세계가 감각적으로 인식될 때만 존재함을 주장하므로 두 이론 모두 세계는 존재한다는 전제를 깔고 있다.

오답분석
① 세 번째 문단에서 어떤 사람이 버클리의 주장을 반박하기 위해 돌을 발로 차서 날아간 돌이 존재한다는 사실을 증명하려고 하였으나, 반실재론을 제대로 반박한 것은 아니라고 하였다. 따라서 실재론자의 주장이 옳다는 사실을 증명하는 것은 아니다.
② 세계가 감각으로 인식될 때만 존재한다는 것은 반실재론자의 입장이다.
④ 버클리는 객관적 성질이라고 여겨지는 것들도 우리가 감각할 수 있을 때만 존재하는 주관적 속성이라고 하였다.

11

정답 ②

• 둘 다 흰 공을 꺼낼 확률 : $\dfrac{{}_5C_2}{{}_9C_2} = \dfrac{5 \times 4}{9 \times 8} = \dfrac{20}{72}$

• 둘 다 검은 공을 꺼낼 확률 : $\dfrac{{}_4C_2}{{}_9C_2} = \dfrac{4 \times 3}{9 \times 8} = \dfrac{12}{72}$

$\therefore \ \dfrac{20}{72} + \dfrac{12}{72} = \dfrac{32}{72} = \dfrac{4}{9}$

12

정답 ②

아이스크림을 x개 산다면 과자는 $(17-x)$개를 사야 한다. 이를 식으로 정리하면 다음과 같다.

$600x + 1,000(17-x) \leq 15,000$

$\rightarrow 400x \geq 2,000$

$\therefore \ x \geq 5$

따라서 아이스크림은 최소 5개를 사야 한다.

13

정답 ④

제시된 수열은 앞의 항에 $\times 2$, $+7$, -5가 반복되는 수열이다. 따라서 빈칸에 들어갈 수는 $14 \times 2 = 28$이다.

14

정답 ④

생후 1주일 이내 사망자 수는 $1,162 + 910 = 2,072$명이고, 생후 셋째 날 사망자 수는 $166 + 114 = 280$명이므로 생후 1주일 내 신생아 사망률 중 셋째 날 신생아 사망률은 $\dfrac{280}{2,072} \times 100 = 13.5\%$이다.

오답분석
① 생후 첫째 날 신생아 사망률은 여아가 $3.8 + 27.4 + 8.6 = 39.8\%$이고, 남아가 $2.7 + 26.5 + 8.3 = 37.5\%$로 여아가 남아보다 높다.
② 신생아 사망률은 산모의 연령이 40세 이상일 때가 제일 높으나, 출생아 수는 40세 이상이 제일 적다. 따라서 신생아 사망자 수는 산모의 연령이 19세 미만인 경우를 제외하고는 40세 이상인 경우보다 더 많다.
③ 생후 1주일 이내 신생아 전체 사망자 중 첫째 날 신생아 사망률은 $\dfrac{31 + 308 + 97 + 35 + 249 + 78}{1,162 + 910} \times 100 = 38.5\%$이다.

15

정답 ③

• 9명의 신입사원을 3명씩 3조로 나누는 경우의 수

$: {}_9C_3 \times {}_6C_3 \times {}_3C_3 \times \dfrac{1}{3!} = \dfrac{9 \times 8 \times 7}{3 \times 2 \times 1} \times \dfrac{6 \times 5 \times 4}{3 \times 2 \times 1} \times 1$

$\times \dfrac{1}{3 \times 2 \times 1} = 280$가지

• A, B, C에 한 조씩 배정하는 경우의 수 : $3! = 3 \times 2 \times 1 = 6$가지
따라서 가능한 모든 경우의 수는 $280 \times 6 = 1,680$가지이다.

16

정답 ②

작년의 남학생, 여학생 수를 각각 x명, y명이라고 하면 다음 식이 성립한다.

$x + y = 1,200 \cdots \text{㉠}$

$0.95x + 1.07y = 1,200 \cdots \text{㉡}$

㉠, ㉡을 연립하면 $x = 700$, $y = 500$이다.
따라서 작년 여학생 수는 500명이다.

17
정답 ①

매년 A ~ C동의 벚꽃나무 수 총합은 205그루로 일정하다. 따라서 빈칸에 들어갈 수치는 205−112−50=43그루이다.

18
정답 ③

- 2024년 50대의 2023년 대비 전체 일자리 규모 증가 수
  : 5,310,000−5,160,000=150,000개
- 2024년 60대의 2023년 대비 전체 일자리 규모 증가 수
  : 2,880,000−2,600,000=280,000개

19
정답 ④

2024년 연령대별 전체 일자리 규모는 50대와 60세 이상의 연령대를 제외한 연령에서 2023년보다 감소한 것을 확인할 수 있다.

오답분석

① 전체 일자리 규모에서 20대가 차지하는 비중은 2023년에는 $\frac{332}{2,302} \times 100 ≒ 14.4\%$, 2024년에는 $\frac{331}{2,321} \times 100 ≒ 14.3\%$이므로 약 14.4−14.3=0.1%p 감소했다.

② 2024년 전체 일자리 규모 중 30대의 전체 일자리 규모의 비중은 $\frac{529}{2,321} \times 100 ≒ 22.8\%$이므로 옳은 설명이다.

③ 2023년 40대의 지속일자리는 458만 개, 신규채용일자리는 165만 개이므로 $\frac{458만}{165만} ≒ 2.8$배이다.

20
정답 ②

전년 대비 2024년 가구 수의 감소율이 가장 높은 부문은 귀농(−5.3%)으로, 남성과 여성의 비율 차이는 68.6−31.4=37.2%p이다.

오답분석

① 2023년 대비 2024년에 가구수가 증가한 부문은 '귀어'뿐이며, 증가율이 1.2%이므로 (2023년 가구수)×1.012=(2024년 가구수, 917가구)이다. 따라서 2023년의 귀어 가구수는 $\frac{917}{1.012}$ ≒906가구이다.

③ 30대 이하 귀농인 수는 12,055×0.113 ≒ 1,362명이고, 60대 귀촌인 수는 472,474×0.105 ≒ 49,609명이다. 따라서 30대 이하 귀농인 수는 60대 귀촌인 수보다 49,609−1,362=48,247명 적다.

④ 연령대별 비율에서 각각 가장 낮은 비율의 연령대는 모두 70대 이상이며, 비율의 총합은 6.4+6.3+4.5=17.2%p이다.

21
정답 ④

라는 1분단에 배정되었으므로 가, 나, 다는 1분단에 앉을 수 없다. 나는 1분단에 앉을 수 없고, 2, 3분단에 앉은 적이 있으므로 4분단에 배정된다. 다는 1분단에 앉을 수 없고, 2분단과 4분단에 앉은 적이 있으므로 3분단에 배정된다. 가는 남은 2분단에 배정된다.

가	나	다	라
2분단	4분단	3분단	1분단

따라서 항상 참인 것은 ④이다.

22
정답 ③

두 번째·네 번째 조건에 따르면 수험서는 가장 먼저 구매하지 않았고, 수험서를 구매한 다음 바로 에세이를 구매했다. 첫 번째 조건에서 잡지를 만화·소설보다 먼저 구매했다고 하였으므로 잡지를 가장 먼저 구매한 것을 알 수 있다. 다섯 번째 조건에 따르면 에세이나 소설을 마지막에 구매하지 않았으므로 만화를 마지막에 구매한 것을 알 수 있다. 세 번째 조건에 따르면 에세이와 만화를 연달아 구매하지 않았으므로 소설을 네 번째로 구매한 것을 알 수 있다. 이를 정리하면 다음과 같다.

첫 번째	두 번째	세 번째	네 번째	다섯 번째
잡지	수험서	에세이	소설	만화

따라서 A가 세 번째로 구매한 책은 에세이이다.

23
정답 ③

우선 세 번째 조건에 따라 '윤지 – 영민 – 순영'의 순서가 되는데, 첫 번째 조건에서 윤지는 가장 먼저 출장을 가지 않는다고 하였으므로 윤지 앞에는 먼저 출장 가는 사람이 있어야 한다. 따라서 '재철 – 윤지 – 영민 – 순영'의 순서가 되고, 마지막으로 출장 가는 순영이의 출장지는 미국이 된다. 또한, 재철이는 영국이나 프랑스로 출장을 가야 하는데, 영국과 프랑스는 연달아 갈 수 없으므로 두 번째 출장지는 일본이며, 첫 번째와 세 번째 출장지는 영국 또는 프랑스로, 재철이나 영민이가 가게 된다.

구분	첫 번째	두 번째	세 번째	네 번째
출장자	재철	윤지	영민	순영
출장지	영국 또는 프랑스	일본	프랑스 또는 영국	미국

따라서 항상 참인 것은 ③이다.

오답분석

① 윤지는 일본으로 출장을 간다.
② 재철이는 영국으로 출장을 갈 수도, 프랑스로 출장을 갈 수도 있다.
④ 순영이는 네 번째로 출장을 간다.

24 정답 ①

② 서랍장의 가로 길이와 붙박이 수납장 문을 여는 데 필요한 간격과 폭을 더한 길이는 각각 1,100mm, 1,200mm(=550+650)이고, 사무실 문을 여닫는 데 필요한 1,000mm의 공간을 포함하면 총 길이는 3,300mm이다. 따라서 사무실의 가로 길이인 3,000mm를 초과하므로 불가능한 배치이다.

③ 서랍장과 캐비닛의 가로 길이는 각각 1,100mm, 1,000mm이고, 사무실 문을 여닫는 데 필요한 1,000mm의 공간을 포함하면 총 길이는 3,100mm이다. 따라서 사무실의 가로 길이인 3,000mm를 초과하므로 불가능한 배치이다.

④ 회의 탁자의 세로 길이와 서랍장의 가로 길이는 각각 2,110mm, 1,100mm이고, 붙박이 수납장 문을 여는 데 필요한 간격과 폭을 더한 길이인 1,200mm(=550+650)를 포함하면 총 길이는 4,410mm이다. 따라서 사무실의 세로 길이인 3,400mm를 초과하므로 불가능한 배치이다.

25 정답 ①

신규고객 : 01(∵ 처음 가는 동네)
오후 : 12(∵ 화요일 밤 10시)
개 : 10
치료 : 2
따라서 접수 코드는 '0112102'이다.

26 정답 ②

0111102	0211203	01<u>13</u>202	0312301	03<u>13</u>505
021240<u>4</u>	0111603	011110<u>4</u>	02<u>13</u>605	03<u>13</u>202
01<u>13</u>101	0312504	0311302	0111403	0212220<u>4</u>
0312105	0212103	02<u>13</u>202	0311101	011160<u>4</u>

주말 진료와 상담 업무의 접수를 취소하면 총 9건이 남는다.

27 정답 ①

개 6건, 고양이 5건, 새 2건, 파충류 2건, 가축 2건, 기타 3건이므로 가장 많이 접수된 동물은 개이다.

28 정답 ④

① 0111<u>00</u>1 → 품종에 00은 없다.
② 02<u>14</u>202 → 진료시간에 14는 없다.
③ 0313303<u>3</u> → 접수 코드는 7자리이다.

29 정답 ③

ㄱ. 유통 중인 농·수·축산물도 수거검사 대상임을 알 수 있다.
ㄴ. 수산물의 경우에도 총수은, 납 등과 함께 항생물질을 검사하고 있다.
ㄹ. 식품수거검사 결과 적발한 위해 정보는 식품의약안전청 홈페이지에서 확인할 수 있다.

ㄷ. 월별 정기와 수시 수거검사가 있다.

30 정답 ②

차량에 운전기사가 따로 있으므로, 최상위자인 E부장은 뒷자리 가장 우측에 승차하는 것이 적절하다. 따라서 E부장의 자리는 (나)이다.

31 정답 ③

• 임사원 : 물품의 체계적 분류는 인적자원관리가 아닌 물적자원관리에 해당한다.
• 박대리 : 직원들의 복지 확대는 재정 지출을 수반하지만, 직원들의 생산성을 개선시키므로 인적자원관리에 긍정적인 영향을 미친다.

• 최과장 : 본사 로비에서 각 사무실까지의 동선을 줄이는 것은 이동 시간을 단축시킬 수 있으므로 직원들의 시간관리에 도움이 된다.
• 김주임 : 예산의 극소화에만 집중하여 증액을 기피하는 것은 적절하지 않으므로 합리적인 기준에서 예산안을 증액하여 효율적으로 자원을 관리해야 한다.

32 정답 ③

A사원의 3박 4일간 교통비, 식비, 숙박비를 계산하면 다음과 같다.
• 교통비 : 39,500+38,150=77,650원
• 식비 : (8,500×3×2)+(9,100×3×2)=105,600원
• 숙박비
  – 가 : (75,200×3)×0.95=214,320원
  – 나 : (81,100×3)×0.90=218,970원
  – 다 : (67,000×3)=201,000원

A사원은 숙박비가 가장 저렴한 다 숙소를 이용했으므로 숙박비는 201,000원이다.
따라서 A사원의 출장 경비 총액을 구하면 77,650+105,600+201,000=384,250원이다.

33

평가 결과와 평가지표별 가중치를 이용하여 지원자들의 최종 점수를 계산하면 다음과 같다.

- A지원자 : $(3 \times 3)+(3 \times 3)+(5 \times 5)+(4 \times 4)+(4 \times 5)+5=84$점
- B지원자 : $(5 \times 3)+(5 \times 3)+(2 \times 5)+(3 \times 4)+(4 \times 5)+5=77$점
- C지원자 : $(5 \times 3)+(3 \times 3)+(3 \times 5)+(3 \times 4)+(5 \times 5)=76$점
- D지원자 : $(4 \times 3)+(3 \times 3)+(3 \times 5)+(5 \times 4)+(4 \times 5)+5=81$점
- E지원자 : $(4 \times 3)+(4 \times 3)+(2 \times 5)+(5 \times 4)+(5 \times 5)=79$점

따라서 채용할 지원자는 A, D지원자이다.

34

정답 ③

배치의 3가지 유형
- 양적 배치 : 작업량과 조업도, 여유 또는 부족 인원을 감안하여 소요인원을 결정하고 배치하는 것이다.
- 질적 배치 : 적재적소에 따른 배치를 말한다.
- 적성 배치 : 팀원의 적성 및 흥미에 따라 배치하는 것이다.

35

정답 ④

$(32,000-15,000)+(28,000-12,000) \times 2=49,000$원

오답분석

① $(40,000-15,000)+(46,000-12,000)=59,000$원

② $(32,000-15,000) \times 2=34,000$원

③ $(40,000-15,000)+(46,000-12,000) \times 2=93,000$원

36

정답 ①

수상, 자격증 획득, 징계에 대한 가점 및 벌점은 4분기에 이뤄진 것만 해당됨을 유의하여 성과급 지급기준에 따라 직원들의 성과점수를 산정하면 다음과 같다.

직원	성과점수
A	$(85 \times 0.4)+(70 \times 0.3)+(80 \times 0.3)+4=83$점
B	$(80 \times 0.4)+(80 \times 0.3)+(70 \times 0.3)-1=76$점
C	$(75 \times 0.4)+(85 \times 0.3)+(80 \times 0.3)+2=81.5$점
D	$(70 \times 0.4)+(70 \times 0.3)+(90 \times 0.3)-5=71$점
E	$(80 \times 0.4)+(65 \times 0.3)+(75 \times 0.3)=74$점

따라서 성과급을 가장 많이 받는 직원은 A와 C이다.

37

정답 ①

꼭 해야만 할 일을 끝내지 못했을 경우에는 다른 사람에게 부탁하기보다는 자신의 차기 계획에 반영하여 해결하는 것이 좋다. 따라서 야근을 해도 끝내지 못한 일은 다음 일일 업무 계획에 반영하여 자신이 해결하도록 해야 한다.

38

정답 ④

첫 번째 조건에 따르면 10잔 이상의 음료 또는 음식을 구매하면 음료 2잔을 무료로 제공하므로 커피를 마시지 못하는 2명이 마실 수 있는 그린티라테를 제공받는 것이 적절하다. 또한, 음료와 곁들일 음식을 2인당 1개씩 시켜야 하므로 음료 한 잔과 음식 한 개로 구성된 세트 메뉴 $12 \div 2=6$개를 시켜야 한다. 이때, 세트에 포함된 음료 6잔과 10잔 이상의 음료를 구매하여 제공받은 음료 2잔을 제외하면 총 4잔의 음료가 더 필요하다.

가장 저렴하게 먹으려면 4잔의 음료는 가격이 가장 저렴한 아메리카노로 주문해야 하며, 세트 메뉴는 베이글과 아메리카노로 구성하는 것이 적절하다. 이때, 두 번째 조건에 따르면 세트 메뉴를 구매하면 해당 메뉴의 금액의 10%가 할인되므로 이를 고려하여 총 금액을 구하면 $(3,500+3,500) \times 6 \times 0.9+(3,500 \times 4)=51,800$원이다. 따라서 잔액은 $(20,000 \times 12)-51,800=188,200$원이다.

39

정답 ③

엘리베이터는 한 번에 최대 세 개 층을 이동할 수 있으며, 올라간 다음에는 반드시 내려와야 한다는 조건에 따라 청원경찰이 최소 시간으로 6층을 순찰하고, 1층으로 돌아올 수 있는 방법은 다음과 같다.

1층 → 3층 → 2층 → 5층 → 4층 → 6층 → 3층 → 4층 → 1층

이때, 이동에만 소요되는 시간은 총 $2+1+3+1+2+3+1+3=16$분이다.

따라서 청원경찰이 6층을 모두 순찰하고 1층으로 돌아오기까지 소요되는 시간은 총 60분($=10$분$\times 6$층)$+16$분$=76$분$=1$시간 16분이다.

40

정답 ④

한 달을 기준으로 S씨가 지출하게 될 자취방 월세와 자취방에서 대학교까지 왕복 시 거리비용을 합산하면 다음과 같다.

- A자취방 : $330,000+(1.8 \times 2,000 \times 2 \times 15)=438,000$원
- B자취방 : $310,000+(2.3 \times 2,000 \times 2 \times 15)=448,000$원
- C자취방 : $350,000+(1.3 \times 2,000 \times 2 \times 15)=428,000$원
- D자취방 : $320,000+(1.6 \times 2,000 \times 2 \times 15)=416,000$원

따라서 S씨가 선택할 수 있는 가장 저렴한 비용의 자취방은 D자취방이다.

41　정답 ④

- A대리 : 조직 내 집단 간 경쟁은 조직 내 한정 자원을 차지하려는 목적에서 주로 발생한다.
- B차장 : 한정 자원의 차지 외에도 집단들이 상반된 목표를 추구할 때도 경쟁이 발생한다.
- D주임 : 경쟁이 지나치면 집단 간 경쟁에 지나치게 많은 자원을 투입하고 본질적 목표를 소홀히 하게 되어 비능률을 초래하게 된다.

오답분석

- C주임 : 경쟁을 통해 집단 내부의 결속력을 다지고, 집단의 활동이 더욱 조직화되어 효율성을 확보할 수 있다. 하지만 지나치게 되면 자원의 낭비, 비능률 등의 문제가 초래된다. 따라서 경쟁이 치열할수록 좋다는 설명은 적절하지 않다.

42　정답 ④

주기적으로 산업자원부, 상공회의소 등의 사이트를 방문해 자료를 얻는 것은 국내동향을 파악하는 것이므로 적절하지 않다.

오답분석

① 업무와 관련된 외국 어휘를 많이 알아야 원활한 협업이 가능하다.
② 신문의 국제면을 보며 시의성 있는 이슈를 파악하는 것이 필요하다.
③ 국제학술대회 혹은 세미나에 참석하도록 장려하기 위해 공가를 제공하는 것도 국제감각 형성에 도움이 된다.

43　정답 ④

차별화 전략은 조직이 생산품이나 서비스를 차별화하여 고객에게 가치가 있고 독특하게 인식되도록 하는 전략으로, P사는 창의적인 발상을 통해 애니메이션을 차별화하여 고객에게 가치가 있고 독특하게 인식되도록 하였다.

오답분석

① 윈윈 전략 : 한 기업과 경쟁기업 모두 이익을 얻고자 하는 경영전략이다.
② 관리 전략 : 관리조직, 정보시스템이나 인재양성 같은 관리면에서 경쟁상의 우위에 서려고 하는 전략이다.
③ 원가우위 전략 : 원가절감을 통해 해당 산업에서 우위를 점하는 전략이다.

44　정답 ③

①·②·④는 전략과제에서 도출할 수 있는 추진방향이지만, 국제경쟁입찰의 과열 경쟁 심화와 컨소시엄 구성 시 민간기업과 업무배분, 이윤추구성향 조율의 어려움 등은 문제점에 대한 언급이므로 추진방향으로 적절하지 않다.

45　정답 ①

조직변화의 유형

- 제품 및 서비스 : 기존 제품이나 서비스의 문제점을 인식하고 고객의 요구에 부응하기 위한 것으로, 고객을 늘리거나 새로운 시장을 확대하기 위해서 변화한다.
- 전략과 구조 : 조직의 경영과 관계되며, 조직구조, 경영방식, 각종 시스템 등을 조직의 목적을 달성하고 효율성을 높이기 위해서 개선하는 것이다.
- 기술 : 새로운 기술이 도입되는 것으로, 신기술이 발명되었을 때나 생산성을 높이기 위해 이루어진다.
- 문화 : 구성원들의 사고방식이나 가치체계를 변화시키는 것으로, 조직의 목적과 일치시키기 위해 문화를 유도하기도 한다.

46　정답 ③

경영활동은 조직의 효과성을 높이기 위해 총수입 극대화, 총비용 극소화를 통해 이윤을 창출하는 외부경영활동과 조직내부에서 인적, 물적 자원 및 생산기술을 관리하는 내부경영활동으로 구분할 수 있다. 인도네시아 현지 시장의 규율을 조사하는 것은 시장진출을 준비하는 과정이므로 외부경영활동에 해당된다.

오답분석

① 추후 진출 예정인 인도네시아 시장 고객들의 성향을 미리 파악하는 것은 외부경영활동이다.
② 가동률이 급락한 중국 업체를 대신해 국내 업체들과의 협력안을 검토하는 것은 내부 생산공정 관리와 같이 내부경영활동에 해당된다.
④ 내부 엔진 조립 공정을 개선하면 생산성을 증가시킬 수 있다는 피드백에 따라 이를 위한 기술개발에 투자하는 것은 생산관리로서 내부경영활동에 해당된다.

47　정답 ②

개인적으로 직무를 수행하는 경우와 팀을 구성해서 수행하는 경우 중 어느 쪽이 더 높은 성과를 낼 수 있는지 단정 지을 수 없다.

오답분석

ㄱ. 급변하는 환경에 유연하게 대처하기 위해서 이합집산이 용이한 팀제의 필요성이 높아지고 있다.
ㄷ. 개인성과에 대한 보상도 필요하지만, 팀의 조직적이고 유기적인 운용을 위해서는 팀 전체 차원의 보상을 제공하는 것이 효과적이며, 협력을 통해 목표를 달성하는 팀제의 의의에도 부합한다.

48

가장 먼저 A팀장이 요청한 중요 자료를 전송하고, PPT 자료를 전송한다. 또한, 점심 예약전화는 오전 10시 이전에 해야 하고, 오전 내에 거래처 미팅일자 변경 전화를 해야 한다.

49

정답 ②

각종 위원회 위원 위촉에 대한 전결 규정은 없으므로 옳지 않은 것은 ②이다. 단, 대표이사의 부재중에 부득이하게 위촉을 해야 하는 경우가 발생했다면 차하위자(전무)가 대결을 할 수는 있다.

50

정답 ②

빈칸에 들어갈 조직문화의 유형을 정리하면 다음과 같다.

	유연성·자율성		
내부지향·통합	집단문화	개발문화	외부지향·차별
	계층문화	합리문화	
	안정·통제		

ㄱ. ㉠에 들어갈 조직문화의 유형은 개발문화이다.

ㄷ. 합리문화는 과업지향적인 조직문화로, 조직구성원들의 방어적 태도, 개인주의적 성향이 드러나는 특징을 보인다. 반면, 집단문화는 조직구성원 간 단결이 강조되는 조직문화이다.

오답분석

ㄴ. ㉡에 들어갈 조직문화의 유형은 합리문화이다.

ㄹ. 계층문화는 조직 계층의 공고화와 위계질서를 강조한다. 반면, 합리문화는 조직의 목표달성을 위해 조직구성원 간의 경쟁을 유도하므로 개인주의 성향이 강하다.

3일 차 기출응용 모의고사 정답 및 해설

01	02	03	04	05	06	07	08	09	10
②	③	③	①	④	③	④	③	③	②
11	12	13	14	15	16	17	18	19	20
①	④	③	①	④	④	①	①	③	④
21	22	23	24	25	26	27	28	29	30
④	②	③	③	①	③	②	④	③	②
31	32	33	34	35	36	37	38	39	40
③	④	④	④	③	①	③	①	④	③
41	42	43	44	45	46	47	48	49	50
③	③	①	②	④	②	④	②	④	①

01
정답 ②

한국인들은 달항아리가 일그러졌다고 해서 깨뜨리거나 대들보가 구부러졌다고 해서 고쳐 쓰지는 않았지만, '곧은 대들보와 완벽한 모양의 달항아리를 좋아하지 않았다.'는 내용은 제시문에서 확인할 수 없다.

02
정답 ③

'바'는 '앞에서 말한 내용 그 자체나 일 따위를 나타내는 말'을 의미하는 의존 명사이므로 앞말과 띄어 쓴다.

오답분석

① '-밖에'는 주로 체언이나 명사형 어미 뒤에 붙어 '그것 말고는', '그것 이외에는' 등의 뜻을 나타내는 보조사로, '하나밖에'와 같이 앞말에 붙여 쓴다.
② '살'은 '나이를 세는 단위'를 의미하는 의존 명사이므로 '열 살이'와 같이 띄어 쓴다.
④ 본용언이 합성어인 경우는 본용언과 보조 용언을 붙여 쓰지 않으므로 '쫓아내 버렸다'와 같이 띄어 써야 한다.

03
정답 ③

자기계발 과목에 따라 해당되는 지원 금액과 신청 인원은 다음과 같다.

구분	영어회화	컴퓨터 활용능력	세무회계
지원 금액	70,000×0.5 =35,000원	50,000×0.4 =20,000원	60,000×0.8 =48,000원
신청 인원	3명	3명	3명

따라서 교육프로그램마다 3명씩 지원했으므로 총교육비는 (35,000 +20,000+48,000)×3=309,000원이다.

04
정답 ①

다희는 철수보다 늦게 내리고 영수보다 빨리 내렸으므로 '철수 – 다희 – 영수' 순서로 내렸다. 또한, 희수는 만수보다 한 층 더 가서 내렸으므로 '만수 – 희수' 순서로 내렸다. 희수는 영수보다 3층 전에 내렸으므로 '희수 – ○○ – ○○ – 영수' 순서로 내렸다. 이를 정리하면 '만수 – 희수 – 철수 – 다희 – 영수' 순서이고, 영수가 마지막에 내리지 않았으므로 태영이가 8층에 내렸다. 따라서 홀수 층에서 내린 사람은 영수이다.

05
정답 ④

제시문에서는 한 손님이 패스트푸드점의 직원을 폭행한 사건을 통해 손님들의 끊이지 않는 갑질 행태를 이야기하고 있다. 따라서 제시문과 관련 있는 한자성어로는 '곁에 사람이 없는 것처럼 아무 거리낌 없이 제멋대로 함부로 말하고 행동하는 태도가 있음'을 의미하는 '방약무인(傍若無人)'이 가장 적절하다.

오답분석

① 견마지심(犬馬之心) : '개나 말이 주인을 위하는 마음'이라는 뜻으로, 신하나 백성이 임금이나 나라에 충성하는 마음을 낮추어 이르는 말이다.
② 빙청옥결(氷淸玉潔) : 얼음같이 맑고 옥같이 깨끗한 심성을 비유적으로 이르는 말이다.
③ 소탐대실(小貪大失) : 작은 것을 탐하다가 오히려 큰 것을 잃음을 뜻한다.

06
정답 ③

A ~ D직원의 성과급 점수를 계산하면 다음과 같다.
- A대리 : $(85 \times 0.5) + (90 \times 0.5) = 87.5$점
- B과장 : $(100 \times 0.3) + (85 \times 0.1) + (80 \times 0.6) = 86.5$점
- C사원 : $(95 \times 0.6) + (85 \times 0.4) = 91$점
- D차장 : $(80 \times 0.2) + (90 \times 0.3) + (85 \times 0.5) = 85.5$점

따라서 성과급 점수가 90점 이상인 S등급에 해당되는 직원은 C사원이다.

07
정답 ④

④는 알레르기와 관련된 내용이기 때문에 고객에게 반드시 안내해야 한다. 제품 자체에 들어 있는 것에는 알레르기가 없더라도 같은 제조시설을 사용한 다른 식품에 알레르기가 있으면 그 제품을 피해야 히기 때문이다.

08
정답 ③

조직문화는 구성원들의 행동지침으로 작용하여 구성원의 사고방식과 행동양식을 규정하여, 구성원들은 조직에서 해오던 방식대로 업무를 처리하게 된다. 즉, 조직문화는 구성원을 조직에 적응하도록 사회화하고 일탈적 행동을 통제하는 기능을 한다.

조직문화의 기능
- 조직구성원들에게 일체감·정체성 부여
- 조직몰입 향상
- 조직구성원들의 행동지침 : 사회화 및 일탈행동 통제
- 조직의 안정성 유지

09
정답 ③

제시문은 유명인 모델의 광고 중복 출연이 광고 효과가 크지 않음을 지적하며 광고 효과를 극대화하기 위한 방안을 제시하고 있다. 먼저 유명인 모델이 여러 광고에 중복 출연하는 것이 높은 광고 효과를 보장할 수 있는지 의문을 제기하는 (나)가 맨 앞에 와야 한다. 다음으로는 (나)의 질문에 대한 대답으로, 유명인이 자신의 이미지와 상관없이 여러 상품 광고에 출연하면 광고 효과가 줄어들 수 있음을 언급하고 있는 (가)가 이어져야 한다. 또한, 유명인의 이미지가 여러 상품으로 분산되어 상품 간의 결합력을 떨어뜨린다는 내용으로 유명인 광고 중복 출연의 또 다른 단점을 제시하고 있는 (다)가 다음에 와야 한다. 마지막으로 (가)와 (다)를 종합하여 유명인이 자신과 잘 어울리는 한 상품의 광고에만 지속적으로 나오는 것이 좋다는 내용의 (라)가 이어져야 한다. 따라서 (나) - (가) - (다) - (라)의 순서로 나열해야 한다.

10
정답 ②

영업부의 주요 업무로는 견적 작성 및 제출, 시장분석, 판매 등을 들 수 있다. 금일 업무 내용 중 전사 공채 진행은 인사 업무이며, 명일 업무 내용 중 전사 소모품 관리는 총무 업무, 사원 급여 정산은 인사 업무로 볼 수 있다. 따라서 적절하지 않은 것은 3가지이다.

11
정답 ①

뿔의 부피는 $\frac{1}{3} \times$(밑면의 넓이)$\times$(높이)로 구할 수 있고, 밑면은 정사각형이므로 넓이는 $6 \times 6 = 36 \text{cm}^2$이다. 따라서 채워야 하는 물의 부피는 $\frac{1}{3} \times 36 \times 5 = 60 \text{cm}^3$이다.

12
정답 ④

물품의 특성에 따라 분류하고 보관할 수 있도록 창고를 보완하는 것 역시 창고관리 측면에서 보면 효과적인 방법이지만, A ~ D사원이 언급한 내용과는 거리가 멀다.

13
정답 ③

제시된 수열은 $+7 \times 2^0$, $+7 \times 2^1$, $+7 \times 2^2$, $+7 \times 2^3$, $+7 \times 2^4$, … 인 수열이다. 따라서 빈칸에 들어갈 숫자는 $218 + 7 \times 2^5 = 442$이다.

14
정답 ①

B팀이 2쿼터까지 얻은 점수를 x점이라 하면, A팀이 얻은 점수는 $(x+7)$점이다. B팀이 3쿼터와 4쿼터에 얻은 점수를 y점이라 하면, A팀이 얻은 점수는 $\frac{3}{5}y$점이다.

$x + 7 + \frac{3}{5}y = 75 \rightarrow 5x + 3y = 340 \cdots \bigcirc$

$x + y = 78 \cdots \bigcirc$

$\bigcirc - \bigcirc$을 하면 $x = 53$, $y = 25$이다.

따라서 A팀이 3쿼터와 4쿼터에 얻은 점수는 $\frac{3}{5} \times 25 = 15$점이다.

15
정답 ④

우선순위를 파악하기 위해서는 먼저 중요도와 긴급성을 파악해야 한다. 즉, 중요도와 긴급성이 높은 일부터 처리해야 하는 것이다. 그러므로 업무 리스트 중에서 가장 먼저 해야 할 일은 내일 있을 당직 근무자 명단 확인이다. 그다음 경영1팀의 비품 주문, 신입사원 면접 날짜 확인, 인사총무팀 회식 장소 예약 확인, 회사 창립 기념일 행사 준비 순으로 진행하면 된다.

16
정답 ④

많은 시간을 직장에서 보내는 일 중독자는 최우선 업무보다 가시적인 업무에 전력을 다하는 경향이 있다. 장시간 일을 한다는 것은 오히려 자신의 일에 대한 시간관리능력의 부족으로 잘못된 시간관리 행동을 하고 있다는 것이다. 시간관리를 잘하여 일을 수행하는 시간을 줄일 수 있다면 일 외에 다양한 여가를 즐길 수 있을 것이다.

17
정답 ①

'역활'은 '역할'의 잘못된 표기로, '자기가 마땅히 하여야 할 맡은 바 직책이나 임무'를 뜻하는 말은 '역활'이 아니라 '역할(役割)'이다.

18
정답 ①

2024년 50대, 60대, 70세 이상 연령의 전체 흡연율 합은 22.7+14.6+9.1=46.4%로, 2024년 19세 이상 성인의 전체 흡연율인 22.6%보다 높으므로 옳지 않다.

오답분석

② 2024년 연령대별 흡연율과 고위험 음주율 자료에서 2024년 여자의 고위험 음주율은 연령대가 높아질수록 고위험 음주율이 낮아짐을 알 수 있다.
③ 2024년 연령대별 고위험 음주율에 따르면 남자는 50∼59세에서 26%, 여자는 19∼29세에서 9.6%로 가장 높았다.
④ 우리나라 19세 이상 성인의 전체 흡연율 및 고위험 음주율은 2019년에는 각각 26.3%, 13.6%이고, 2024년에는 22.6%, 13.2%로 2019년 대비 감소하였다.

19
정답 ③

제시문은 테레민이라는 악기를 어떻게 연주하는가에 대한 내용이다. 두 번째 문단에서 '오른손으로는 수직 안테나와의 거리에 따라 음고를 조절하고, 왼손으로는 수평 안테나와의 거리에 따라 음량을 조절한다.'고 하였고, 마지막 문단에서는 이에 따라 오른손으로 음고를 조절하는 방법에 대해 설명하고 있다. 따라서 뒤에 이어질 내용은 수평 안테나와 왼손 사이의 거리에 따라 음량이 조절되는 원리가 나오는 것이 가장 적절하다.

20
정답 ④

합격자 중 남성의 비율은 $\frac{1,699}{1,699+624}\times100=\frac{1,699}{2,323}\times100 ≒$ 73.1%이므로 80% 미만이다.

오답분석

① 전체 입사지원자의 합격률은 $\frac{2,323}{10,891+3,984}\times100=$ $\frac{2,323}{14,875}\times100 ≒15.6\%$이므로 15% 이상이다.

② 여성 입사지원자 대비 여성 합격자의 비중은 $\frac{624}{3,984}\times100 ≒$ 15.7%이므로 20% 미만이다.
③ 전체 입사지원자 중에서 여성의 비중은 $\frac{3,984}{14,875}\times100 ≒$ 26.8%이므로 30% 미만이다.

21
정답 ④

- (가) : 설명서
  - 상품이나 제품에 대해 설명하는 글이므로 정확하게 기술한다.
  - 전문용어는 소비자들이 이해하기 어려우므로 가급적 사용을 삼간다.
- (나) : 공문서
  - 공문서는 대외문서이고, 장기간 보관되는 문서이기 때문에 정확하게 기술한다.
  - 회사 외부로 전달되는 글인 만큼 누가, 언제, 어디서, 무엇을, 어떻게가 드러나도록 써야 한다.
- (다) : 보고서
  - 보통 업무 진행 과정에서 쓰는 경우가 대부분이므로 무엇을 도출하고자 했는지 핵심내용을 구체적으로 제시한다.
  - 간결하고 핵심적인 내용의 도출이 우선이므로 내용의 중복은 피한다.
- (라) : 기획서
  - 기획서는 상대에게 어필해 상대가 채택하게끔 설득력을 갖춰야 하므로 상대가 요구하는 것이 무엇인지 고려하여 작성한다.
  - 기획서는 완벽해야 하므로 제출하기 전에 충분히 검토한다.

22
정답 ②

시대는 이미 세 번의 대여를 하였으므로 금요일에는 대여를 할 수가 없다. 반면 우리는 A, B 탈의실을, 나라는 B, D 탈의실을, 한국은 A, B, D 탈의실을 대여할 수 있다.

23
정답 ③

주어진 조건을 토대로 다음과 같이 정리해 볼 수 있다. 원형 테이블은 회전시켜도 좌석 배치가 동일하므로 좌석에 1∼7번으로 번호를 붙이고, A가 1번 좌석에 앉았다고 가정하여 배치한다.

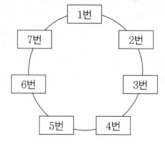

첫 번째 조건에 따라 2번에는 부장이, 7번에는 차장이 앉게 된다.

세 번째 조건에 따라 부장과 이웃한 자리 중 비어 있는 3번 자리에 B가 앉게 된다.

네 번째 조건에 따라 7번에 앉은 사람은 C가 된다.

다섯 번째 조건에 따라 5번에 과장이 앉게 되고, 과장과 차장 사이인 6번에 G가 앉게 된다.

여섯 번째 조건에 따라 A와 이웃한 자리 중 직원명이 정해지지 않은 2번, 부장 자리는 D가 앉게 된다.

일곱 번째 조건에 따라 4번 자리에는 대리, 3번 자리에는 사원이 앉는 것을 알 수 있으며, 3번 자리에 앉는 사람은 사원 직급인 B임을 알 수 있다.

두 번째 조건에 따라 E는 사원과 이웃하지 않았으므로 직원명이 정해지지 않은 5번, 과장 자리에 앉는다는 것을 알 수 있다.

이를 정리하면 다음과 같은 좌석 배치가 되며, F는 이 중 빈자리인 4번, 대리 자리에 앉는다.

따라서 사원인 사람은 B, 대리인 사람은 F임을 도출할 수 있다.

24 　　　　　　　　　　　　　　　　　　　　　정답 ③

B팀이 5회에서 맞힌 점수를 a점이라 하면,

A팀의 평균점수는 $\dfrac{6+7+7+3+6}{5}=\dfrac{29}{5}$ 점이고,

B팀의 평균점수는 $\dfrac{7+7+4+5+a}{5}=\dfrac{23+a}{5}$ 점이다.

A팀의 점수가 B팀보다 높아야 하므로 $\dfrac{29}{5}>\dfrac{23+a}{5} \rightarrow a<6$이다.

따라서 B팀은 6점 미만의 과녁을 맞혀야 한다.

25 　　　　　　　　　　　　　　　　　　　　　정답 ①

발표내용을 볼 때 W음료의 천연재료의 추출, 철저한 위생 관리와 같은 강점(Strength)을 통해 건강음료를 선호하고 식품의 위생을 중요시하는 오늘날의 트랜드와 같은 기회(Opportunity)를 포착하는 모습을 확인할 수 있으므로, SO전략(강점 – 기회 전략)이 가장 적절하다.

26 　　　　　　　　　　　　　　　　　　　　　정답 ③

현재의 부정적인 평판은 약점(Weakness)으로, 소비자들을 위한 효과적인 마케팅은 강점(Strength)으로 볼 수 있다. 이때 약점 – 강점 전략은 SWOT 분석에 의한 경영 전략에 포함되지 않는다.

오답분석

① '착한 기업' 이미지를 통해 부정적인 평판(약점)을 보완하여 경쟁시장(위협)에서 이길 수 있도록 하므로 WT전략(약점 – 위협 전략)으로 볼 수 있다.

② 차별화된 광고(강점)를 통해 음료 소비의 성장세(기회)를 극대화하도록 하므로 SO전략(강점 – 기회 전략)으로 볼 수 있다.

④ 탄산음료만(약점)이 아닌 건강음료를 개발하여 생수를 선호(기회)하는 건강시대에 발맞춰 생산하므로 WO전략(약점 – 기회 전략)으로 볼 수 있다.

27 　　　　　　　　　　　　　　　　　　　　　정답 ②

첫 번째와 두 번째 조건에 따라 로봇은 '3번 – 1번 – 2번 – 4번' 또는 '3번 – 2번 – 1번 – 4번' 순서로 전시되어 있다. 또한 사용 언어는 세 번째, 네 번째, 다섯 번째 조건에 따라 '중국어 – 영어 – 한국어 – 일본어' 또는 '일본어 – 중국어 – 영어 – 한국어' 순서이다. 제시된 조건에 의해 3번 로봇의 자리가 정해지게 되는데, 3번 로봇은 일본어를 사용하지 않는다고 하였으므로, 사용 언어별 순서는 '중국어 – 영어 – 한국어 – 일본어' 순서이다. 또한, 2번 로봇은 한국어를 사용하지 않는다고 하였으므로, '3번 – 2번 – 1번 – 4번' 순서이다. 따라서 ②가 옳다.

오답분석

① 1번 로봇은 한국어를 사용한다.

③ 4번 로봇은 일본어를 사용한다.

④ 중국어를 사용하는 3번 로봇은 영어를 사용하는 2번 로봇의 옆에 위치해 있다.

28 　　　　　　　　　　　　　　　　　　　　　정답 ④

연도별 전체 건수 및 전체 인원에서 나머지 수치를 빼면 빈칸의 수치를 구할 수 있다.

ⓔ : $145-21-28-17-30-20=29$

오답분석

① ㉠ : $4,588-611-644-1,009-692-766=866$

② ㉡ : $241-36-31-49-25-27=73$

③ ㉢ : $33+24+51+31+32+31=202$

29

정답 ③

ㄴ. 2022년 고덕 차량기지의 안전체험 건수 대비 인원수는 $\frac{633}{33}$ ≒19.2명으로, 도봉 차량기지의 안전체험 건수 대비 인원수인 $\frac{432}{24}$=18명보다 크다.

ㄷ. 2021년부터 2023년까지 고덕 차량기지의 전년 대비 안전체험 건수와 인원수는 '증가 – 감소 – 감소'로 동일하다.

오답분석

ㄱ. 2021년 방화 차량기지 견학 안전체험 건수는 2020년보다 증가한 73건이므로 옳지 않은 설명이다.

ㄹ. 2020년 대비 2024년 신내 차량기지의 안전체험 인원수는 $\frac{(385-692)}{692} \times 100$ ≒ −44%로, 50% 미만 감소하였다.

30

정답 ②

경영활동을 구성하는 요소는 경영목적, 인적자원, 자금, 경영전략이다. (나)의 경우와 같이 봉사활동을 수행하는 일은 목적과 인력, 자금 등이 필요한 일이지만, 정해진 목표를 달성하기 위한 조직의 관리, 전략, 운영활동이라고 볼 수 없으므로 경영활동으로는 적절하지 않다.

31

정답 ③

청소년 관람객의 수를 x명, 성인 관람객의 수를 y명이라고 하면 다음 식이 성립한다.
$x+y=5,000 \cdots$ ㉠
$5,000x+8,000y=29,500,000 \cdots$ ㉡
㉡−(5,000×㉠)을 하면 $y=1,500$이다.
y의 값을 ㉠에 대입하면 $x=3,500$이다.

따라서 청소년 관람객의 비율은 $\frac{3,500}{5,000} \times 100 = 70\%$이므로 C사원의 분석은 옳지 않다.

32

정답 ④

조건에서 크루즈 이용 시 A석 또는 S석으로 한다고 하였으므로 M크루즈는 제외된다. 나머지 교통편을 왕복 이용할 때의 비용을 정리하면 다음과 같다.

교통편	비용
H항공사 비즈니스석	(310,000+10,000)×2=640,000원
H항공사 퍼스트 클래스	479,000×2×0.9=862,200원
P항공사 퍼스트 클래스	450,000×2=900,000원
N크루즈 S석	(25,000+292,000+9,000)×2=652,000원

따라서 김대리는 가장 저렴한 교통편인 H항공사의 비즈니스석을 선택할 것이며, 이때의 비용은 640,000원이다.

33

정답 ④

제시문은 유교 사상의 입장에서 자연과 인간의 관계에 대해 설명한 다음, 완전한 존재인 자연을 인간이 본받아야 할 것임을 언급하고 있다. 따라서 유교에서 말하는 자연과 인간의 관계에서 볼 때 인간은 자연의 일부이므로 자연과 인간은 대립이 아니라 공존해야 한다는 요지를 표제와 부제에 담아야 한다. ④는 부제는 제시문의 내용을 담고 있으나, 표제가 중심 내용을 드러내지 못하고 있다.

34

정답 ④

초과근무 계획표를 요일별로 정리하면 다음과 같으며, 목요일 초과근무자가 5명임을 알 수 있다.

월요일	화요일	수요일	목요일	금요일	토요일	일요일
김혜정 정해리 정지원	이지호 이승기 최명진	김재건 신혜선	박주환 신혜선 정지원 김우석 이상엽	김혜정 김유미 차지수	이설희 임유진 김유미	임유진 한예리 이상엽

또한, 목요일 초과근무자 중 단 1명만 초과근무 일정을 바꿔야 한다면 목요일 6시간과 일요일 3시간 일정으로 6+(3×1.5)=10.5시간을 근무하는 이상엽 직원의 일정을 바꿔야 한다.

35

정답 ③

아프리카 사람들과 이야기할 때 눈을 바라보는 것은 실례이므로 코 끝 정도를 보면서 대화하는 것이 예의이다.

36

정답 ①

업체별 선정점수를 구하면 다음과 같다.

(단위 : 점)

구분	경제성	신속성	안정성	유연성	선정점수
A 업체	4×0.3 =1.2	3×0.2 =0.6	9×0.4 =3.6	3×0.1 =0.3	5.7
B 업체	2×0.3 =0.6	4×0.2 =0.8	7×0.4 =2.8	3×0.1 =0.3	4.5
C 업체	8×0.3 =2.4	7×0.2 =1.4	4×0.4 =1.6	2×0.1 =0.2	5.6
D 업체	7×0.3 =2.1	6×0.2 =1.2	2×0.4 =0.8	6×0.1 =0.6	4.7

따라서 선정점수가 5.7점으로 가장 높은 A업체가 선정된다.

37
정답 ②

창의적 사고를 개발하는 방법
- 자유 연상법 : 어떤 생각에서 다른 생각을 계속해서 떠올리는 작용을 통해 어떤 주제에서 생각나는 것을 계속해서 열거해 나가는 방법 예 브레인스토밍
- 강제 연상법 : 각종 힌트에서 강제적으로 연결지어서 발상하는 방법 예 체크리스트
- 비교 발상법 : 주제와 본질적으로 닮은 것을 힌트로 하여 새로운 아이디어를 얻는 방법 예 NM법, Synetics

38
정답 ①

㉡, ㉢, ㉣에 의해 의사소통능력과 대인관계능력을 지닌 사람은 오직 병뿐이라는 사실을 알 수 있다. 또한, ㉤에 의해 병이 이해능력도 가지고 있음을 알 수 있다. 이처럼 병은 네 가지 자질 중 세 가지를 확보하고 있으므로 K공사의 신입사원으로 채용될 수 있다. 이때 갑, 을, 정은 네 가지 중 최대 두 가지 자질만 가질 수가 있게 된다. 따라서 적어도 세 가지 자질 이상을 요구하는 K공사에는 채용될 수 없으므로 채용될 수 있는 인원은 병 1명이다.

39
정답 ④

영리조직의 사례로는 이윤 추구를 목적으로 하는 다양한 사기업을 들 수 있으며, 비영리조직으로는 정부조직, 병원, 대학, 시민단체, 종교단체 등을 들 수 있다.

40
정답 ③

A씨가 쓸 수 있는 항공료는 최대 450,000원이다. 여행지별 항공료를 구하면 다음과 같다.
- 중국 : $130,000 \times 2 \times 2 \times 0.9 = 468,000$원
- 일본 : $125,000 \times 2 \times 2 \times 0.7 = 350,000$원
- 싱가포르 : $180,000 \times 2 \times 2 \times 0.65 = 468,000$원

따라서 최대 지원금액을 고려하여 A씨는 일본여행만 가능하다. 이때, 3월 3 ~ 4일은 휴가가 불가능하다고 하였으므로 A씨가 선택할 여행기간은 3월 16 ~ 19일이다.

41
정답 ③

x의 최댓값과 최솟값은 A와 B가 각각 다리의 양쪽 경계에 위치할 때이다. 즉, 최솟값은 A로부터 7.6km 떨어진 지점, 최댓값은 A로부터 8.0km 떨어진 지점이며, 이에 대한 식을 세우면 다음과 같다.

- 최솟값 : $\dfrac{7.6}{6} = \dfrac{x}{60} + \dfrac{20 - 7.6}{12} \rightarrow \dfrac{x}{60} = \dfrac{15.2 - 12.4}{12} = \dfrac{2.8}{12}$

  $\therefore x = 14$

- 최댓값 : $\dfrac{8}{6} = \dfrac{x}{60} + \dfrac{20 - 8}{12} \rightarrow \dfrac{x}{60} = \dfrac{16 - 12}{12} = \dfrac{1}{3}$

  $\therefore x = 20$

따라서 A와 B가 다리 위에서 마주치기 위한 x의 범위는 $14 \leq x \leq 20$이고, 최댓값과 최솟값의 차는 $20 - 14 = 6$이다.

42
정답 ③

빈칸 앞의 접속어 '따라서'에 집중해야 한다. 즉, 빈칸에는 '공공미술이 아무리 난해해도 대중과의 소통 가능성이 늘 열려 있다.'는 내용을 근거로 하여 추론할 수 있는 결론이 와야 문맥상 자연스럽다. 따라서 공공미술에서 예술의 자율성은 소통의 가능성과 대립되지 않는다는 내용이 들어가는 것이 가장 적절하다.

43
정답 ①

직장은 일을 하는 물리적 장소임과 동시에 업무처리의 만족감 또는 좌절감 등을 느끼는 심리적 장소이기도 하다. 그러므로 회사의 목표와 자신의 가치관 사이에서 오는 차이가 크다면, 그 심리적 스트레스를 감당하기가 너무 버거울 것이다. 조직은 조직생활에 잘 적응하는 사람을 기본적으로 선호하지만 그 다음으로 원하는 것은 '그 과정이 능동적인가' 하는 점이다. 따라서 ①과 같이 자신의 생각과 다른 회사의 가치관까지 수긍한다고 밝힌 A지원자는 회사에 채용될 사원으로 적절하지 않다고 볼 수 있다.

44
정답 ②

영업부장이 실수할 수도 있으므로 바로 생산계획을 변경하는 것보다는 이중 확인 후 생산라인에 통보하는 것이 좋다.

45
정답 ④

리더와 부하 간의 상호관계는 조직문화의 구성 요소 중 리더십 스타일에 대한 설명이다. 관리시스템은 조직문화의 구성 요소로서 장기전략 목적 달성에 적합한 보상제도와 인센티브, 경영정보와 의사결정시스템, 경영계획 등 조직의 목적을 실제로 달성하는 모든 경영관리제도와 절차를 의미한다.

46
정답 ②

조건에 따르면 '수윤 – 태환 – 지성 – 영표 – 주영' 순서로 들어왔다. 따라서 수윤이가 1등이다.

47
정답 ④

필리핀에서 한국인을 대상으로 범죄가 이루어지고 있다는 것은 심각하게 고민해야 할 사회문제이지만, 우리나라로 취업하기 위해 들어오려는 필리핀 사람들을 규제하는 것은 적절하지 않은 행동이다.

48
정답 ②

우선, 박비서에게 회의 자료를 받아와야 하므로 비서실을 들러야 한다. 다음으로 기자단 간담회는 대회 홍보 및 기자단 상대 업무를 맡은 홍보팀에서 기자단 간담회 자료를 정리할 것이므로 홍보팀을 거쳐야 하며, 승진자 인사 발표 소관 업무는 인사팀이 담당한다고 볼 수 있다. 또한, 회사의 차량 배차에 관한 업무는 총무팀과 같은 지원부서의 업무로 보는 것이 적절하다. 따라서 비서실 – 홍보팀 – 인사팀 – 총무팀 순으로 거쳐야 한다.

49
정답 ④

안마의자에 대한 조건을 표로 정리하면 다음과 같다.

구분	가격	컬러	프로그램 개수	온열 기능	A/S 기간
A안마의자	2,200만 원	블랙	12개	○	2년
B안마의자	2,100만 원	레드	13개	×	2년
C안마의자	2,600만 원	블랙	15개	○	2년
D안마의자	2,400만 원	블랙	13개	○	2년

구입 예산을 고려할 때 C안마의자는 2,500만 원이 초과되므로 제외되어야 한다. 또한, 온열기능이 없는 B안마의자도 제외된다. 남은 A, D안마의자의 가격은 모두 2,500만 원 이하이며, 2,500만 원 이하일 경우 가격은 상관없다고 하였으므로 가격의 차이는 비교대상이 되지 않는다. 따라서 컬러는 레드보다는 블랙이 적절하며, 프로그램 개수는 많으면 많을수록 좋다고 하였으므로 D안마의자를 구입하는 것이 가장 합리적이다.

50
정답 ①

미세먼지 측정기는 대기 중 미세먼지의 농도 측정 시 농도만 측정하는 것이며, 그 성분과는 관련이 없다.

4일 차 기출응용 모의고사 정답 및 해설

01	02	03	04	05	06	07	08	09	10
③	①	④	③	④	③	④	③	③	②
11	12	13	14	15	16	17	18	19	20
③	④	②	④	④	④	②	①	④	③
21	22	23	24	25	26	27	28	29	30
①	②	④	④	④	④	④	③	④	④
31	32	33	34	35	36	37	38	39	40
②	①	①	④	①	④	③	④	②	①
41	42	43	44	45	46	47	48	49	50
③	③	①	①	④	④	③	①	④	④

01
정답 ③

제시문에서는 동물들이 사용하는 소리는 단지 생물학적인 조건에 대한 반응 또는 본능적인 감정 표현의 수단일 뿐, 사람의 말과 동물의 소리에는 근본적인 차이가 존재한다고 말하고 있다. 즉, 동물들이 나름대로 가지고 있는 본능적인 의사소통능력은 인간의 것과 다르다는 것이다. 따라서 제시문의 주장으로는 소리를 내는 동물의 행위는 대화나 토론·회의와 같이 서로 의미를 주고받는 인간의 언어활동으로 볼 수 없다는 ③이 가장 적절하다.

02
정답 ①

상품의 원가를 x원이라 하면 처음 판매가격은 $1.23x$원이다.
이때 1,300원을 할인하여 판매했을 때 얻은 이익은 원가의 10%이므로 다음 식이 성립한다.
$(1.23x - 1,300) - x = 0.1x$
$\rightarrow 0.13x = 1,300$
$\therefore x = 10,000$
따라서 상품의 원가는 10,000원이다.

03
정답 ④

수진, 지은, 혜진, 정은이의 수면 시간을 정리하면 다음과 같다.
• 수진 : 22:00 ~ 07:00 → 9시간
• 지은 : 22:30 ~ 06:50 → 8시간 20분
• 혜진 : 21:00 ~ 05:00 → 8시간
• 정은 : 22:10 ~ 05:30 → 7시간 20분
따라서 수진이의 수면 시간이 가장 긴 것을 알 수 있다.

04
정답 ③

A사가 한 벤치마킹은 경쟁관계에 있지 않은 기업 중 마케팅이 우수한 곳을 찾아가 벤치마킹을 했으므로 비경쟁적 벤치마킹이다.
반면, B사는 동일 업종이지만 외국에 있는 비경쟁적 기업을 대상으로 벤치마킹을 했으므로 글로벌 벤치마킹이다.

오답분석
• 경쟁적 벤치마킹 : 동일 업종이면서 경쟁관계에 있는 기업을 대상으로 하는 벤치마킹이다.
• 직접적 벤치마킹 : 벤치마킹 대상을 직접 방문하여 수행하는 벤치마킹이다.
• 간접적 벤치마킹 : 인터넷 및 문서형태의 자료를 통해서 수행하는 벤치마킹이다.

05
정답 ④

정부의 규제 장치나 법률 제정은 장벽을 만들어 특정 산업의 로비스트들이 지대추구 행위를 계속할 수 있도록 도와준다.

오답분석
①·②·③ 첫 번째 문단을 통해 알 수 있다.

06
정답 ③

정부의 4차 산업혁명에 대비한 인력양성 정책 중 하나인 '4차 산업혁명 선도 인력양성훈련'은 기업과 협약을 맺어 현장성 높은 훈련을 제공할 뿐, 훈련과 관계된 기업에 취업할 수 있게 직접적으로 알선하지는 않는다.

07
정답 ④

주어진 표에서 경제성장률이 2%p씩 상승한다고 가정하여 식을 세우면 다음과 같다.
$(7 \times 0.2) + (17 \times 0.4) + (22 \times 0.4) = 17\%$
따라서 경제성장률의 기댓값은 17%이다.

08
정답 ③

각 교통편 종류에 따른 왕복 교통비용을 구하면 다음과 같다.
- 일반버스 : $24,000 \times 2 = 48,000$원
- 우등버스 : $32,000 \times 2 \times 0.99 = 63,360$원
- 무궁화호 : $28,000 \times 2 \times 0.85 = 47,600$원
- 새마을호 : $36,000 \times 2 \times 0.8 = 57,600$원

따라서 무궁화호가 47,600원으로 가장 저렴하다.

09
정답 ③

주어진 4개의 숫자로 만들 수 있는 4자리 자연수는 $4! = 24$가지이다.
1의 자리 숫자가 2인 경우 앞 3자리에 들어갈 수 있는 경우의 수는 $3! = 6$가지이며, 마찬가지로 일의 자리 숫자가 3, 5, 8인 경우도 모두 6가지씩이다. 그러므로 다음과 같이 계산할 수 있다.
- 만들 수 있는 모든 자연수의 일의 자리 합
  : $(2+3+5+8) \times 6$
- 만들 수 있는 모든 자연수의 십의 자리 합
  : $(2+3+5+8) \times 6 \times 10$
- 만들 수 있는 모든 자연수의 백의 자리 합
  : $(2+3+5+8) \times 6 \times 100$
- 만들 수 있는 모든 자연수의 천의 자리 합
  : $(2+3+5+8) \times 6 \times 1,000$

따라서 만들 수 있는 모든 자연수의 총합은 $(2+3+5+8) \times 6 \times (1+10+100+1,000) = 18 \times 6 \times 1,111 = 119,988$이다.

10
정답 ②

편리성 추구는 너무 편한 방향으로 자원으로 활용하는 것을 의미한다. 일회용품을 사용하는 것, 늦잠을 자는 것, 주위 사람들에게 멋대로 대하는 것 등이 이에 포함된다. 지나친 편리성 추구는 물적 자원뿐만 아니라 시간과 돈의 낭비를 초래할 수 있으며, 주위의 인맥도 줄어들게 할 수 있다.

오답분석

① 비계획적 행동 : 자원을 어떻게 활용하는 것인가에 대한 계획이 없는 것으로, 계획 없이 충동적이고 즉흥적으로 행동하여 자원을 낭비하게 된다.
③ 자원에 대한 인식 부재 : 자신이 가지고 있는 중요한 자원을 인식하지 못하는 것으로, 무의식적으로 중요한 자원을 낭비하게 된다.
④ 노하우 부족 : 자원관리의 중요성을 인식하면서도 자원관리에 대한 경험이나 노하우가 부족하여 자원을 효과적으로 활용할 줄 모르는 경우를 말한다.

11
정답 ③

밑줄 친 ㉠은 '남보다 앞장서서 행동하여 몸소 다른 사람의 본보기가 됨'을 의미하는 '솔선수범(率先垂範)'의 의미와 유사하다.

오답분석

① 결자해지(結者解之) : '맺은 사람이 풀어야 한다.'는 뜻으로, 자기가 저지른 일은 자기가 해결하여야 함을 이르는 말이다.
② 박람강기(博覽强記) : '여러 가지 책을 널리 읽고 기억을 잘 한다.'는 의미이다.
④ 일취월장(日就月將) : 나날이 자라거나 발전함을 이르는 말이다.

12
정답 ④

2학년 학생의 평균 점수를 a점이라 가정하면, 3학년 학생 평균 점수는 $(3a+2)$점이다. 전체 평균 점수에 대한 식을 정리하면 $200 \times 0.51 \times (3a+2) + 200 \times 0.49 \times a = 200 \times 59.6$이다.
식에서 각 항에 공통인 200을 약분하면 다음과 같다.
$$0.51 \times (3a+2) + 0.49 \times a = 59.6$$
$$\rightarrow 1.53a + 1.02 + 0.49a = 59.6$$
$$\rightarrow 2.02a = 58.58$$
$$\therefore a = 29$$
따라서 2학년 학생의 평균 점수는 29점이며, 3학년 학생의 평균 점수는 89점이다.

13
정답 ②

(가) 문단에서는 전자 상거래 시장에서의 소셜 커머스 열풍과 국내 소셜 커머스 현황을 소개하고 있다. 또한 (다) 문단은 소셜 커머스가 주로 SNS를 이용해 공동 구매자를 모으는 것에서 그 명칭이 유래되었다고 언급하고, (나) 문단은 소셜 쇼핑과 개인화된 쇼핑 등 소셜 커머스의 유형과 향후 전망을 제시하고 있다. 따라서 제시문을 보기와 같은 순서대로 바르게 나열한 것은 ②이다.

14
정답 ④

갑, 을, 병의 득표수를 각각 x표, y표, z표라고 가정하면 다음 식이 성립한다.
$$x+y+z = 3,270-20 \cdots ㉠$$
$$y = z+50 \cdots ㉡$$
$$\frac{4}{100} \times x + z = y+10 \cdots ㉢$$
㉡을 ㉢에 대입하여 정리하면
$$0.04x = 60 \rightarrow x = 1,500 \cdots ㉣$$
㉣과 ㉡을 ㉠에 대입하면
$$1,500 + y + y - 50 = 3,250 \rightarrow y = 900$$
$$\therefore x - y = 1,500 - 900 = 600$$
따라서 갑과 을의 득표수 차이는 600표이다.

15

참여율이 4번째로 높은 해는 2021년이다. 2021년 참여율의 전년 대비 증가율은 $\frac{14.6-12.9}{12.9}\times100 ≒ 13.2\%$이다.

16

정답 ④

• 2019년 서부지역을 여행한 남부지역 출신 관광객 : 510,000명
• 2024년 동부지역을 여행한 서부지역 출신 관광객 : 400,000명
따라서 2024년 동부지역을 여행한 서부지역 출신 관광객 대비 2019년 서부지역을 여행한 남부지역 출신 관광객의 비율은 $\frac{510,000}{400,000}\times100 ≒ 128\%$이다.

17

정답 ②

• 2019년 남부지역 관광객 중 서부지역 출신의 비율
  : $\frac{300}{980}\times100 ≒ 30.6\%$
• 2024년 남부지역 관광객 중 서부지역 출신의 비율
  : $\frac{400}{1,200}\times100 ≒ 33.3\%$
따라서 남부지역 관광객 중 서부지역 출신이 차지하는 비율은 2019년에 비해 2024년에 증가하였다.

오답분석

① 전체 관광객은 증가하였으나, 동부·북부지역의 관광객은 줄어들었으므로 옳지 않은 설명이다.
③ • 2019년 본인의 출신지를 여행하는 관광객이 차지하는 비율
  : $\frac{(550+400+830+420)}{4,970}=\frac{2,200}{4,970}\times100 ≒ 44.3\%$
• 2024년 본인의 출신지를 여행하는 관광객이 차지하는 비율
  : $\frac{(500+300+800+300)}{5,200}=\frac{1,900}{5,200}\times100 ≒ 36.5\%$
따라서 본인의 출신지를 여행하는 관광객이 차지하는 비율은 2019년에 비해 2024년에 감소하였다.
④ 모든 관광객이 동일한 지출을 한다고 가정하면, 여행지별 관광수지는 (여행지 관광객 합계)>(출신지 관광객 합계)일 경우 흑자이고, (여행지 관광객 합계)<(출신지 관광객 합계)일 경우 적자이다. 따라서 2019년에는 남부·서부지역이 적자이고, 2024년에는 동부·남부지역이 적자이다.

18

정답 ①

9월 말 이후의 그래프가 모두 하향곡선을 그리고 있다.

오답분석

② 환율이 하락하면 반대로 원화가치가 높아진다.
③ 표를 통해 확인할 수 있다.
④ 유가 범위는 125~85 사이의 변동 폭을 보이고 있다.

19

정답 ④

• C사원 : 문서에는 반드시 필요한 자료 외에는 첨부하지 않도록 해야 하므로 적절하지 않다.
• D사원 : 문장 표현은 작성자의 성의가 담기도록 경어나 단어 사용에 신경을 써야 하므로 낮춤말인 '해라체'로 고쳐 쓰는 것은 적절하지 않다.

20

정답 ③

주어진 명제를 정리하면 초록>노랑=빨강>파랑 상자 순서로 부피가 크다. 따라서 초록 상자는 파랑 상자에 들어가지 않음을 알 수 있다.

21

정답 ①

오답분석

② a → c → b 순서로 진행할 때 가장 많이 소요되며, 작업 시간은 10시간이 된다.
③ 순차적으로 작업할 경우 첫 번째 공정에서 가장 적게 걸리는 시간을 먼저 선택하고, 두 번째 공정에서 가장 적게 걸리는 시간을 맨 뒤에 선택한다. 즉, b → c → a가 최소 제품 생산 시간이 된다.
④ b작업 후 1시간의 유휴 시간이 있어 1시간 더 용접을 해도 전체 작업 시간에는 변함이 없다.

22

정답 ②

제시문은 화성의 운하를 사례로 들어 과학적 진실이란 무엇인지를 설명하고 있다. 존재하지 않는 화성의 운하 사례를 들어 사회적인 영향 때문에 오류를 사실로 착각해 진실을 왜곡하는 경우가 있음을 소개하고, 이를 통해 사실을 추구해야 하는 과학자들에게는 객관적인 증거와 연구 태도가 필요함을 강조하였다. 따라서 제시문의 제목으로 가장 적절한 것은 ②이다.

23

정답 ④

'HS1245'는 2021년 9월에 생산된 엔진의 시리얼 번호를 의미한다.

24

정답 ④

DU6548 → 2017년 10월에 생산된 엔진이다.

오답분석

① FN4568 → 2019년 7월에 생산된 엔진이다.
② HH2314 → 2021년 4월에 생산된 엔진이다.
③ WS2356 → 2002년 9월에 생산된 엔진이다.

25
정답 ④

전문가용 카메라가 일반화됨에 따라 사람들은 사진관을 이용하지 않고도 고화질의 사진을 촬영할 수 있게 되었다. 따라서 전문가용 카메라의 일반화는 사진관을 위협하는 외부환경에 해당한다.

26
정답 ④

수진이는 주스를 좋아하므로 디자인 담당이 아니다. 또한, 편집 담당과 이웃하고 있으므로 기획 담당이다. 편집 담당은 콜라를 좋아하고, 검은색 책상에 앉아 있다. 그런데 종석이는 갈색 책상에 앉아 있으므로 디자인 담당이며, 민아는 검은색 책상에 앉아 있고, 수진이는 흰색 책상에 앉아 있다. 이를 정리하면 다음과 같다.

수진	민아	종석
흰색 책상	검은색 책상	갈색 책상
기획	편집	디자인
주스	콜라	커피

오답분석

ㄷ. 수진이는 기획을 하고, 민아는 콜라를 좋아한다.
ㄹ. 민아는 편집 담당이므로 검은색 책상에 앉아 있다.

27
정답 ④

IT 기기에 친숙하고 새로운 것을 좋아한다는 내용과 높은 저연령층 구성비로 미루어볼 때, D가 언급한 유형은 Digital Lifestyles, Evolving Landscapes에 가장 가깝다.

28
정답 ③

먼저, 10+117+6=133명의 전체 참여 인원을 수용할 수 있어야 하므로 최대 수용인원이 124명인 세미나실은 제외한다. 다음으로 마이크와 프로젝터가 모두 있어야 하므로 한빛관은 제외한다. 마지막으로 발대식 전날 정오인 4월 16일 12시부터 1박 2일의 발대식이 진행되는 18일까지 예약이 가능해야 하므로 16일 오후 3~5시에 예약이 있는 비전홀은 제외한다. 따라서 모든 조건을 만족하는 대회의실을 예약해야 한다.

29
정답 ④

보기의 정보열람인들이 낸 금액을 정리하면 다음과 같다. 이때 정보열람인들이 열람하거나 출력한 공개 대상의 첫 장만 가격이 다른 경우를 주의해야 한다.

구분	정보공개수수료(원)
A	$[(5 \times 1,000) \times 2] + [300 + (25-1) \times 100] = 12,700$
B	$2,000 + (13 \times 200) + (6 \times 3,000) = 22,600$
C	$(2 \times 1,000) + (3 \times 5,000) + [200 + (8-1) \times 50] = 17,550$
D	$[250 + (35-1) \times 50] + [200 + (22-1) \times 50] = 3,200$

따라서 정보공개수수료가 큰 사람부터 나열하면 'B−C−A−D' 순서이다.

30
정답 ④

제시된 조건에 따르면 1~5층의 월 전기료는 다음과 같다.
- 1층 : $(10 \times 5) + (4 \times 3) = 62$만 원
- 2층 : $(13 \times 5) + (5 \times 3) = 80$만 원
- 3층 : $(15 \times 5) + (7 \times 3) = 96$만 원
- 4층 : $(11 \times 5) + (6 \times 3) = 73$만 원
- 5층 : $(12 \times 5) + (5 \times 3) = 75$만 원

첫 번째 조건을 충족하지 않는 층은 2·3·5층이고, 조건을 충족하기 위해 2·3·5층에 각각 구형 에어컨 2대, 5대, 1대를 판매하게 된다. 이때 발생하는 수입은 10×8=80만 원이다.
구형 에어컨을 판매하고 난 후 각 층의 구형 에어컨의 개수와 신형 에어컨 개수 및 비율을 구하면 다음과 같다.

구분	1층	2층	3층	4층	5층
구형 에어컨	10대	13−2 =11대	15−5 =10대	11대	12−1 =11대
신형 에어컨	4대	5대	7대	6대	5대
비율	$\frac{4}{10}$	$\frac{5}{11}$	$\frac{7}{10}$	$\frac{6}{11}$	$\frac{5}{11}$

두 번째 조건에서 비율이 $\frac{1}{2}$ 미만인 층은 1·2·5층이고, 조건을 충족하기 위해 신형 에어컨을 1대씩 구입하면, 신형 에어컨 총 구입비용은 50×3=150만 원이 나온다.
따라서 K공사는 150−80=70만 원의 지출(비용)이 발생한다.

31
정답 ②

제시문은 동물의 몸집이 커지는 요인을 '방향적 요인(먹잇감을 얻기 쉽게 동물 스스로가 몸집을 키우는 방향으로 진화)', '환경적 요인(기후·대기 중 산소농도·서식지 면적)', '생물적 요인(세포 분열 및 성장호르몬)'으로 구분하여 밝힌 후, 『걸리버 여행기』와 대왕고래를 예로 들어 거대화의 한계에 대해 서술하고 있다.

32
정답 ①

양서류나 파충류와 같은 냉혈동물은 따뜻한 기후에서 몸집이 더 커지는데, 이는 외부 열을 차단하여 체온을 유지하는 데 유리하기 때문이다. 따라서 온대 지역보다는 열대 지역의 개구리의 몸집이 더 커야 생존에 유리하다.

오답분석

② 대왕고래는 부력 덕분에 수중에서는 살 수 있지만, 만약 육지로 올라온다면 중력의 영향으로 몸을 지탱하기 어려워 생존이 불가능할 것이다.
③ 대형 초식동물(얼룩말)이 늘어나면 포식자(사자)들도 효과적인 사냥을 위해 몸집을 키우는 방향으로 진화한다고 하였다.
④ 매머드를 예로 들어 먹잇감을 충분하게 공급하는 넓은 면적의 서식지에 사는 동물의 몸집이 더 크다고 보았다.

33   정답 ①

동물은 몸집이 커지면 그에 맞게 신체 구조도 함께 바꿔야 생존할 수 있으므로, 거대육우도 일반 소와는 신체 구조가 달라질 것이다.

오답분석

② 몸집이 큰 코끼리는 몸집이 작은 쥐들에 비해 대사율이 떨어져 자기 몸무게만큼의 쥐들이 먹는 음식물보다 훨씬 적은 양을 먹어도 살 수 있다고 하였으므로 사료비용이 증가하는 것은 아니다.
③ 세포 수가 많아져도 생물 스스로의 조절 능력이 있으므로 수명이 단축되는 것은 아니다.
④ 세포 수가 증가하면 그만큼 덩치가 커져 무게가 증가하지만, 분열을 계속한다고 해서 무한정 성장하는 것은 아니다.

34   정답 ④

전 직원이 이미 확정된 스케줄의 변동 없이 1시간을 사용할 수 있는 시간대는 10:00 ~ 11:00와 14:00 ~ 15:00의 두 시간대이다. 이 사장이 가능한 빨리 완료할 것을 지시하였으므로 10:00 ~ 11:00가 가장 적절하다.

35   정답 ①

승진대상자 갑, 을, 병, 정, 무의 승진점수를 계산하면 다음과 같다.

구분	업무실적 점수	사고 점수	근무태도 점수	가점 및 벌점 점수	가점 및 벌점 사유	승진 점수
갑	20점	7점	7점	+2	수상 1회	36점
을	17점	9점	10점	+4	수상 2회	40점
병	13점	8점	7점	–	–	28점
정	20점	6점	4점	–	–	30점
무	10점	10점	10점	+4	수상 1회, 무사고	34점

따라서 승진점수가 가장 높은 직원인 을(40점)과 갑(36점)이 승진하게 된다.

36   정답 ④

시스템 오류 확인 및 시스템 개선 업무는 고객지원팀이 아닌 시스템개발팀이 담당하는 업무이다.

37   정답 ③

제시문은 총무부에서 주문서 메일을 보낼 때 꼼꼼히 확인하지 않아 수정 전의 파일이 첨부되어 발송되었기 때문에 발생한 일이다. 따라서 메일에 자료를 첨부할 때는 꼼꼼히 확인해야 함을 알 수 있다.

38   정답 ④

조립, 생산 등과 같은 업무는 주로 주어진 절차에 따라 이루어지는 반면, 연구, 개발 등과 같은 업무는 자율적이고 재량권이 많다.

39   정답 ②

제주 출장 시 항공사별 5명(부장 3명, 대리 2명)의 왕복항공권에 대한 총액을 구하면 다음과 같다.

구분	비즈니스석	이코노미석	총액
A항공사	$12 \times 3 \times 2$ $=72$만 원	$8.5 \times 2 \times 2$ $=34$만 원	$72+34$ $=106$만 원
B항공사	$15 \times 3 \times 2$ $=90$만 원	$9.5 \times 2 \times 2$ $=38$만 원	$(90+38) \times 0.8$ $=102.4$만 원
C항공사	$15 \times 3 \times 2$ $=90$만 원	$8 \times 2 \times 2$ $=32$만 원	$(90+32) \times 0.9$ $=109.8$만 원
D항공사	$13 \times 3 \times 2$ $=78$만 원	$7.5 \times 2 \times 2$ $=30$만 원	$78+30$ $=108$만 원

따라서 가장 저렴하게 항공권을 구입할 수 있는 항공사는 B항공사이다.

40   정답 ①

조직도를 살펴보면 조직 내적인 구조는 볼 수 없지만, 구성원들의 임무, 수행하는 과업, 일하는 장소 등과 같은 일하는 방식과 관련된 체계를 알 수 있으므로 조직을 이해하는 데 유용하다.

41   정답 ③

경품별 인원과 단가를 곱하여 총액을 구한 뒤 더하면 필요한 총예산을 도출할 수 있다.

구분	총액(원)
상품권	$100,000 \times 2 = 200,000$
쌀	$30,000 \times 5 = 150,000$
김치	$20,000 \times 10 = 200,000$
라면	$20,000 \times 15 = 300,000$
김	$15,000 \times 26 = 390,000$
밀폐용기 세트	$10,000 \times 42 = 420,000$
주방세제 세트	$10,000 \times 100 = 1,000,000$
합계	$2,660,000$

따라서 필요한 총예산은 2,660,000원이다.

42
정답 ③

C는 K사의 이익과 자사의 이익 모두를 고려하여 서로 원만한 합의점을 찾고 있다. 따라서 가장 바르게 협상한 사람은 C이다.

오답분석
① A는 K사의 협상당사자가 설정한 목표와 한계에서 벗어나는 요구를 하고 있으므로 바르게 협상한 것이 아니다.
② B는 합의점을 찾기보다는 자사의 특정 입장만 고집하고 있다. 따라서 바르게 협상한 것이 아니다.
④ D는 K사의 상황에 대해서 지나친 염려를 하고 있다. 따라서 바르게 협상한 것이 아니다.

43
정답 ①

A사원의 행동은 팔로워십(Followership)에 해당한다. 팔로워십은 리더십과 비교되는 개념으로, 조직의 목표를 추구하는 데 열정적이고, 자발적으로 참여하는 사람을 뜻한다. 리더십과 팔로워십은 모두 중요하기 때문에 어느 한 개념이 더 중요한 가치라고 판단할 수 없다.

오답분석
② 팔로워십은 조직의 목표를 추구하는 데 열정적이며, 조직이 안 좋은 방향으로 가면 자신의 의견을 제시한다.
③ 팔로워십은 타인이 시켜서 이루어지는 것이 아닌 자발적인 면이 중요하다.
④ 팔로워십은 상사를 비판만 하는 것이 아니라 제안을 제시할 수 있어야 한다.

44
정답 ①

맑은 날에는 김씨가 정상적으로 알아들으므로, 3월 1일과 3월 5일에는 각각 1101호, 301호에 천 묶음과 천백 원 봉투를 제대로 전달하였다. 이씨는 날씨에 관계없이 제대로 알아들으므로, 3월 6일에는 301호에 삼백 원 봉투를 전달하였다. 3월 2일은 비가 온 날이므로, "삼 묶음을 1101호에 내일 전달해 주세요."라고 말하는 것을 김씨는 "천 묶음을 301호에 내일 전달해 주세요."로 들었을 것이다. 따라서 7일간 301호에는 천 묶음, 삼백 원 봉투, 천백 원 봉투가 전달되었고, 1101호에는 천 묶음이 전달되었다.

45
정답 ④

제시문에서는 편리성, 경제성, 객관성 등을 이유로 인공 지능 면접을 지지하고 있다. 따라서 객관성보다 면접관의 생각이나 견해가 회사 상황에 맞는 인재를 선발하는 데 적합하다는 논지로 반박하는 것이 적절하다.

오답분석
①·③ 제시문의 주장에 반박하는 것이 아니라 제시문의 주장을 강화하는 근거에 해당한다.
② 인공 지능 면접에 필요한 기술과 인간적 공감의 관계는 제시문에서 주장한 내용이 아니므로 반박의 근거로 적절하지 않다.

46
정답 ④

가을의 평균 기온은 2022년까지 계속 감소하다가 2023년에 전년 대비 증가한다. 그리고 2024년에 다시 감소한다.

오답분석
① 2024년의 봄 평균 기온은 2022년보다 $12.2-10.8=1.4$℃ 상승했다.
② 2024년에 가을 평균 기온이 전년 대비 감소한 정도는 $15.3-13.7=1.6$℃이고, 여름 평균 기온이 전년 대비 상승한 정도는 $24.7-24.0=0.7$℃이다.
③ 연평균 기온은 2023년까지 감소하는 추이를 보이고 있다.

47
정답 ③

각 교통수단에 대한 결정조건계수를 계산하면 다음과 같다.

- A : $\dfrac{5\times700}{(10\times1,000)+(50,000\times0.5)}=\dfrac{3,500}{35,000}=0.1$
- B : $\dfrac{5\times700}{(8\times1,000)+(60,000\times0.5)}=\dfrac{3,500}{38,000}≒0.09$
- C : $\dfrac{7\times700}{(6\times1,000)+(80,000\times0.5)}=\dfrac{4,900}{46,000}≒0.11$
- D : $\dfrac{7\times700}{(5\times1,000)+(100,000\times0.5)}=\dfrac{4,900}{55,000}≒0.09$

따라서 K씨가 선택할 교통수단은 결정조건계수가 가장 큰 C이다.

48
정답 ①

㉠ 원가우위 : 원가절감을 통해 해당 산업에서 우위를 점하는 전략이다.
㉡ 차별화 : 조직이 생산품이나 서비스를 차별화하여 고객에게 가치가 있고 독특하게 인식되도록 하는 전략이다.
㉢ 집중화 : 한정된 시장을 원가우위나 차별화 전략을 사용하여 집중적으로 공략하는 전략이다.

49
정답 ④

목표의 층위·내용 등에 따라 우선순위가 있을 수는 있지만 하나씩 순차적으로 처리해야 하는 것은 아니다. 따라서 조직의 목표는 동시에 여러 개가 추구될 수 있다.

50 정답 ④

항목별 조건 범위에 따라 지역별 점수를 구하면 다음과 같다.

구분	외국인 인구	지역 지원예산	선호도
A지역	40점	30점	48점
B지역	50점	40점	40점
C지역	30점	30점	45점
D지역	50점	50점	32점

이에 가중치를 적용하면 총점은 다음과 같다.
- A지역 : $(40 \times 0.5) + (30 \times 0.3) + (48 \times 0.2) = 38.6$점
- B지역 : $(50 \times 0.5) + (40 \times 0.3) + (40 \times 0.2) = 45$점
- C지역 : $(30 \times 0.5) + (30 \times 0.3) + (45 \times 0.2) = 33$점
- D지역 : $(50 \times 0.5) + (50 \times 0.3) + (32 \times 0.2) = 46.4$점

따라서 총점이 높은 D지역이 가장 적합한 지역이다.

4일 차 정답 및 해설 **29**

경기도 공공기관 통합채용 필기시험 답안카드

성 명

지원 분야

문제지 형별기재란

( )형 Ⓐ Ⓑ

수 험 번 호

	⓪	①	②	③	④	⑤	⑥	⑦	⑧	⑨
	⓪	①	②	③	④	⑤	⑥	⑦	⑧	⑨
	⓪	①	②	③	④	⑤	⑥	⑦	⑧	⑨
	⓪	①	②	③	④	⑤	⑥	⑦	⑧	⑨
	⓪	①	②	③	④	⑤	⑥	⑦	⑧	⑨
	⓪	①	②	③	④	⑤	⑥	⑦	⑧	⑨
		①	②	③	④	⑤	⑥	⑦	⑧	⑨

감독위원 확인

(인)

번호	답란				번호	답란				번호	답란			
1	①	②	③	④	21	①	②	③	④	41	①	②	③	④
2	①	②	③	④	22	①	②	③	④	42	①	②	③	④
3	①	②	③	④	23	①	②	③	④	43	①	②	③	④
4	①	②	③	④	24	①	②	③	④	44	①	②	③	④
5	①	②	③	④	25	①	②	③	④	45	①	②	③	④
6	①	②	③	④	26	①	②	③	④	46	①	②	③	④
7	①	②	③	④	27	①	②	③	④	47	①	②	③	④
8	①	②	③	④	28	①	②	③	④	48	①	②	③	④
9	①	②	③	④	29	①	②	③	④	49	①	②	③	④
10	①	②	③	④	30	①	②	③	④	50	①	②	③	④
11	①	②	③	④	31	①	②	③	④					
12	①	②	③	④	32	①	②	③	④					
13	①	②	③	④	33	①	②	③	④					
14	①	②	③	④	34	①	②	③	④					
15	①	②	③	④	35	①	②	③	④					
16	①	②	③	④	36	①	②	③	④					
17	①	②	③	④	37	①	②	③	④					
18	①	②	③	④	38	①	②	③	④					
19	①	②	③	④	39	①	②	③	④					
20	①	②	③	④	40	①	②	③	④					

※ 본 답안지는 마킹연습용 모의 답안지입니다.

경기도 공공기관 통합채용 필기시험 답안카드

번호	①	②	③	④		번호	①	②	③	④		번호	①	②	③	④
1	①	②	③	④		21	①	②	③	④		41	①	②	③	④
2	①	②	③	④		22	①	②	③	④		42	①	②	③	④
3	①	②	③	④		23	①	②	③	④		43	①	②	③	④
4	①	②	③	④		24	①	②	③	④		44	①	②	③	④
5	①	②	③	④		25	①	②	③	④		45	①	②	③	④
6	①	②	③	④		26	①	②	③	④		46	①	②	③	④
7	①	②	③	④		27	①	②	③	④		47	①	②	③	④
8	①	②	③	④		28	①	②	③	④		48	①	②	③	④
9	①	②	③	④		29	①	②	③	④		49	①	②	③	④
10	①	②	③	④		30	①	②	③	④		50	①	②	③	④
11	①	②	③	④		31	①	②	③	④						
12	①	②	③	④		32	①	②	③	④						
13	①	②	③	④		33	①	②	③	④						
14	①	②	③	④		34	①	②	③	④						
15	①	②	③	④		35	①	②	③	④						
16	①	②	③	④		36	①	②	③	④						
17	①	②	③	④		37	①	②	③	④						
18	①	②	③	④		38	①	②	③	④						
19	①	②	③	④		39	①	②	③	④						
20	①	②	③	④		40	①	②	③	④						

성 명

지원분야

문제지 형별기재란
(형)
Ⓐ
Ⓑ

수 험 번 호

⓪	①	②	③	④	⑤	⑥	⑦	⑧	⑨
⓪	①	②	③	④	⑤	⑥	⑦	⑧	⑨
⓪	①	②	③	④	⑤	⑥	⑦	⑧	⑨
⓪	①	②	③	④	⑤	⑥	⑦	⑧	⑨
⓪	①	②	③	④	⑤	⑥	⑦	⑧	⑨
⓪	①	②	③	④	⑤	⑥	⑦	⑧	⑨
⓪	①	②	③	④	⑤	⑥	⑦	⑧	⑨

감독위원 확인

(인)

경기도 공공기관 통합채용 필기시험 답안카드

성 명

지원 분야

문제지 활별기재란

( )형   Ⓐ Ⓑ

수험번호

성 명					

감독위원 확인

(인)

	1	2	3	4			21	1	2	3	4			41	1	2	3	4
2	1	2	3	4			22	1	2	3	4			42	1	2	3	4
3	1	2	3	4			23	1	2	3	4			43	1	2	3	4
4	1	2	3	4			24	1	2	3	4			44	1	2	3	4
5	1	2	3	4			25	1	2	3	4			45	1	2	3	4
6	1	2	3	4			26	1	2	3	4			46	1	2	3	4
7	1	2	3	4			27	1	2	3	4			47	1	2	3	4
8	1	2	3	4			28	1	2	3	4			48	1	2	3	4
9	1	2	3	4			29	1	2	3	4			49	1	2	3	4
10	1	2	3	4			30	1	2	3	4			50	1	2	3	4
11	1	2	3	4			31	1	2	3	4							
12	1	2	3	4			32	1	2	3	4							
13	1	2	3	4			33	1	2	3	4							
14	1	2	3	4			34	1	2	3	4							
15	1	2	3	4			35	1	2	3	4							
16	1	2	3	4			36	1	2	3	4							
17	1	2	3	4			37	1	2	3	4							
18	1	2	3	4			38	1	2	3	4							
19	1	2	3	4			39	1	2	3	4							
20	1	2	3	4			40	1	2	3	4							

※ 본 답안카드는 마킹연습용 모의 답안카드입니다.

〈절취선〉

경기도 공공기관 통합채용 필기시험 답안카드

성 명				
지원 분야				

문제지 형별기재란	
( )형	Ⓐ Ⓑ

수험번호									
⓪ ① ② ③ ④ ⑤ ⑥ ⑦ ⑧ ⑨
⓪ ① ② ③ ④ ⑤ ⑥ ⑦ ⑧ ⑨
⓪ ① ② ③ ④ ⑤ ⑥ ⑦ ⑧ ⑨
⓪ ① ② ③ ④ ⑤ ⑥ ⑦ ⑧ ⑨
⓪ ① ② ③ ④ ⑤ ⑥ ⑦ ⑧ ⑨
⓪ ① ② ③ ④ ⑤ ⑥ ⑦ ⑧ ⑨

감독위원 확인
㉑

1	① ② ③ ④	21	① ② ③ ④	41	① ② ③ ④
2	① ② ③ ④	22	① ② ③ ④	42	① ② ③ ④
3	① ② ③ ④	23	① ② ③ ④	43	① ② ③ ④
4	① ② ③ ④	24	① ② ③ ④	44	① ② ③ ④
5	① ② ③ ④	25	① ② ③ ④	45	① ② ③ ④
6	① ② ③ ④	26	① ② ③ ④	46	① ② ③ ④
7	① ② ③ ④	27	① ② ③ ④	47	① ② ③ ④
8	① ② ③ ④	28	① ② ③ ④	48	① ② ③ ④
9	① ② ③ ④	29	① ② ③ ④	49	① ② ③ ④
10	① ② ③ ④	30	① ② ③ ④	50	① ② ③ ④
11	① ② ③ ④	31	① ② ③ ④		
12	① ② ③ ④	32	① ② ③ ④		
13	① ② ③ ④	33	① ② ③ ④		
14	① ② ③ ④	34	① ② ③ ④		
15	① ② ③ ④	35	① ② ③ ④		
16	① ② ③ ④	36	① ② ③ ④		
17	① ② ③ ④	37	① ② ③ ④		
18	① ② ③ ④	38	① ② ③ ④		
19	① ② ③ ④	39	① ② ③ ④		
20	① ② ③ ④	40	① ② ③ ④		

2025 최신판 시대에듀 All-New 사이다 모의고사 경기도 공공기관 통합채용 NCS

개정8판1쇄 발행	2025년 03월 20일 (인쇄 2025년 02월 10일)
초 판 발 행	2020년 04월 10일 (인쇄 2020년 03월 12일)
발 행 인	박영일
책 임 편 집	이해욱
편 저	SDC(Sidae Data Center)
편 집 진 행	김재희 · 김미진
표지디자인	김도연
편집디자인	김경원 · 임창규
발 행 처	(주)시대고시기획
출 판 등 록	제10-1521호
주 소	서울시 마포구 큰우물로 75 [도화동 538 성지 B/D] 9F
전 화	1600-3600
팩 스	02-701-8823
홈 페 이 지	www.sdedu.co.kr
I S B N	979-11-383-8812-2 (13320)
정 가	18,000원